技术辩护三十六讲

TECHNICAL DEFENSE

余安平 / 著

法律出版社 LAW PRESS · CHINA
北京

图书在版编目（CIP）数据

技术辩护三十六讲 / 余安平著. -- 北京：法律出版社，2023（2024.12重印）
ISBN 978-7-5197-7888-0

Ⅰ. ①技… Ⅱ. ①余… Ⅲ. ①刑事诉讼－辩护－中国 Ⅳ. ①D925.21

中国国家版本馆CIP数据核字（2023）第073739号

技术辩护三十六讲
JISHU BIANHU SANSHILIU JIANG

作　　者：余安平
责任编辑：黄倩倩　孔明林
装帧设计：贾丹丹
出版发行：法律出版社
编辑统筹：学术・对外出版分社
责任校对：王　丰
责任印制：胡晓雅　宋万春
经　　销：新华书店
开　　本：880毫米×1230毫米　1/32
印　　张：10.375
字　　数：179千
版　　本：2023年6月第1版
印　　次：2024年12月第3次印刷
印　　刷：北京新生代彩印制版有限公司
书　　号：ISBN 978-7-5197-7888-0
定　　价：58.00元

销售电话：010-83938349　客服电话：010-83938350　咨询电话：010-63939796
地　　址：北京市丰台区莲花池西里7号(100073)
网　　址：www.lawpress.com.cn
投稿邮箱：info@lawpress.com.cn
举报盗版邮箱：jbwq@lawpress.com.cn
凡购买本社图书，如有印装错误，我社负责退换。电话：010-83938349

序　一

律师的工匠精神与法治理念

前些日子，应深圳律协邀请为律师同仁做《当前中国语境下保护民营企业家的十种有效辩护方法论》的专题讲座时，安平律师结束在广州会见后专程赶过来一起交流令人感动。更令我深感欣慰的是，他现在已经成长为广东律协刑委会的副主任兼秘书长。显然，这需要具有被同行接受的热情与真诚，更需要具有被业界认可的能力与业绩。

安平告诉我他很快又要出版新作《技术辩护三十六讲》，希望我还能为他这本书作序，几乎没有任何迟疑，我便答应下来。2019 年，安平的准自传体文集《三十而律》出版发行时，我有幸为他的首部著作作序《平凡的力量》，并鼓励他再出新作与大家继续交流。那时的安平让我本能地想到《平凡的世界》中的主人公孙少平，因为他们身上“都有着来自平凡世界的平凡人物的那种质朴、执着、敬业、向上，都有着那种令人温暖与感动的精神力量”。那时候他给我留下的深刻印象，是他“历史是专业、律师是职业”的知识结构与人文素养；是他“能酒能文能讲”的真性情与古道热肠、豪气干云；是他勤勉敬业、善于思考的职业精神，是他充满担当与智慧、笔耕不辍。（参阅《余安平：吕良彪 老师见证我的十年成长》）

如果说《三十而律》一书更多让读者感受到安平那种律师难得的品德与潜质，《技术辩护三十六讲》则让我强烈感受到律师某种珍贵的工匠精神与对法律专业主义的坚守。安平执业以来始终专注于刑事辩护，在办案过程中不断归纳总结，公共表达日趋成熟。经过十余年的不懈努力，安平不仅积累了承办重大疑难复杂案件的经验，也拥有了无罪判决与死刑改判的成功战例，其执业区域与职业影响力更是早已超越惠州、走出广东开始辐射全国。在这本专著中，安平结合自己的经验教训对“技术辩护”进行了相对系统而实用的阐述。他的知行合一，让我想到霍姆斯的那句名言：法律的生命在于经验而非逻辑。律师最重要的是做起来，做下去！

本书实战性强、实用性高，一体两面。瑕不掩瑜之处或许正在于：整个书稿偏重于技术性、操作性问题而且个人体验性过强，如果能够稍多一些理性的思考与提炼，可能给同行的启发与对行业的贡献会更上层楼。毕竟，在成文法传统的社会环境里，法律的生命同样在于理性与逻辑。

要实现他的“司法谏官”梦，没有良好的法治环境是不可能做到的。刑事律师仅仅擅长“辩护的技术”也是远远不够的：遇见社会不公，我们要有人敢喊出来，完全寄希望于权力的自我反省与纠错基本不可能；面对社会不公，我们还要有话好好说，正义之实现需要凝聚体制内外各种善意，形成合力。（参阅《辩护的技术与喊冤的艺术》）

社会深刻变革之际，处在历史转折点上的中国律师其实面临着三种法庭与三类博弈：一是在法院里的审判法庭进行着“技术辩护”式的法律博弈；二是在社会法庭的审视之下，依靠法律与公众的力量制约权力滥用的法治博弈；三是面对每个人都无法逃脱的历史法庭，努力推进社会进步而非相反的历史博弈。我们经历历史、见证历史甚至创造历史，也注定将成为这历史的一部分。在此，以修昔底德名言与安平及各位律师同仁共勉：

要自由，才能有幸福；要勇敢，才能有自由。

吕良彪

北京大成律师事务所高级合伙人

中国政法大学商学院客座教授

中国人民大学法学院客座教授、硕士生导师

2023 年 5 月于北京

序　二

践行技术辩护，增强服务意识

上一次接到安平的书稿，希望我为他作序，还是2019年6月。今年5月，又接到安平的书稿，嘱咐我作序，让我感动欣喜，毕竟律师群体中长期动笔、笔耕不辍的不多。安平律师曾对媒体说“十年写十本书”，看来他是认真的。

安平2008年从教师转行做律师，一直在广东卓凡律师事务所，是“卓凡人”忠实且出色的代表。安平进入卓凡所最初的8年，正好遇上了卓凡从惠州市规范化管理所到全国优秀律师事务所的发展窗口，他通过“多走多讲多写”的刻苦拼搏，用别人应酬的时间努力学习，走出了一条适合自己的发展之路，甚至成为惠州为数不多的全国知名律师之一。

安平个性鲜明，善于借助规范思维形成独特的文本解读办案技术。在许多律师都在按部就班积累办案经验、逐步提高办案水平时，安平已经在琢磨如何通过拆解罪名、拆解证据来精准理解法律规定。这种拆解更像是文本解读，用通俗易懂的方式让办案机关更好理解律师的法律意见。

如果说《三十而律》的出版向我们介绍了一位热血青年如何从教师转型为骨干律师的成长历程，那么这本《技术辩护三十六讲》则向我们演示了刑辩律师从接案到结案全过程如何使用技术方法。对于有志从事刑事辩护的青年律师，这本书可以提供一种思维和办案方法。

技术辩护，其落脚点集中在技术，与人沟通的技巧，恰恰反映安平"传道受业解惑"的教师风格，这些完美展现在这本《技术辩护三十六讲》中。安平认为，律师与办案机关只是分工的不同，都是社会主义法治的建设者，这也使得他始终把帮助办案机关有效查明事实、正确适用法律放在突出位置，这种法律思维的交流更有建设性。通过证据和逻辑来说服办案机关接受律师有理有据的意见，这也是刑事律师技术辩护路径之一。

"工欲善其事，必先利其器"，在刑事辩护的道路上选择一条稳健的前进之路，这种模式值得肯定，也是年轻律师提供优质服务的有效方法。安平从十多年的亲办案件中提炼出一套辩护思路，愿意"授人以渔"，依旧不忘"为人好师"的初心。

本书成书于2020年，安平这些年的许多思考没有写入这本书，而且本书过于重视亲办案件的经验总结，缺少理论分析与常见案件分析，这也显得这本书的观点有些“自恋”。如果安平能够加入更多的理论与实践探索，那么，这本书更具有普遍指导意义。

一个合格的刑事辩护律师，不仅需要熟练掌握辩护的技术，更要政治立场坚定，坚持中国特色社会主义道路，坚决拥护党的领导、拥护我国社会主义法治等从业基本要求，努力做党和人民满意的好律师。律师从事刑事辩护不能过于讲技术或为了讲技术而讲技术，而是要坚决服从精准查清的案件事实、法律的正确适用以及公平正义的有效实现。

近日，广东律师行业发布了《广东律师行业服务高质量发展的若干措施》，要求广东律师提高服务能力，投身经济社会高质量发展。我省刑事法律服务的律师更应该全身心投入行业服务高质量发展工作，将技术辩护等手段完美地服务于刑事法律服务工作。

杨择郡

广东省律师协会副会长

广东卓凡律师事务所主任

2023 年 5 月于广东惠州

自　序

我的技术辩护之路

2001 年，我从华中师范大学毕业后，进入湖北黄冈中学做老师。本以为此生当“得天下英才而教之”，却不料 2006 年追随爱情的脚步来到惠州，2007 年通过司法考试，于是在 2008 年进入广东卓凡律师事务所，开始了“弃教从法”之路。

从“余老师”转换角色成为“余律师”，在意料之外，也在情理之中。学生时代，我就常去政法学院、文学院选课，也偏爱演讲、辩论与话剧，做老师时也有更多机会与人打交道，因此，我“半路出家”跨专业改行，大家虽然感到有些突然，却也认为合情合理。

一开始做律师，马上就体会到了“转行”的艰辛。

积累多年的人脉资源与沉淀已久的业务经验，都被“清零”，全新的工作需要重新开始。当年，我有能力用两年的时间从实务经验为零的新手教师变成骨干教师，彼时，我当然有信心用两年时间从入门新手变成骨干律师。我缺乏人脉资源优势，也缺乏业务经验，只能另辟蹊径：扬长避短，用自己“能讲”与“能写”的特点，让别人看到我的特长，借力接力，突出重围。

要想短期内顺利跨过“生存期”，经过深思熟虑，我争取与其他案源丰富的律师合作，走技术辩护之路，努力提高自己的办案技术能力。

技术辩护，就是把辩护工作看成一门“技术”，从犯罪构成要件入手，将犯罪分解成一个个具体的技术要素，去审查这些技术要素是否合法合规。就像“庖丁”逐渐“目无全牛”，律师眼中也逐渐不再是整个案件，而是案件的“筋骨结构”，即一个个具体证据支撑起来的构成要件。只要这些构成要件存在“破绽”，律师就能“趁虚而入”，展开辩护，展示案件的“事实不清”或者“证据不足”，从而有效说服办案机关。

我曾把“醉驾”罪（以危险方式危害公共安全罪）拆分为“醉”（血液中酒精含量达到醉酒标准）与“驾”（存在酒后驾驶行为，汽车发生了位移）两个构成要件，因为无法举证证明“驾”而辩护成功。

我曾把“强奸”罪拆分“强”（违背女方意愿）与“奸”（发生不正当性关系）两个构成要件，因为不能有效证明“强”而促成检察院以“事实不清证据不足”不予起诉。

我曾把“聚众斗殴”拆分为（为了斗殴而）“聚众”与

“斗殴”（恶意打架）两个构成要件，因为不能有效证明“斗殴”而促成检察院在开庭数月后撤回起诉。

我曾把“运输毒品”拆解为“运输”（有目的的输送）与“毒品”（明知是毒品）两个构成要件，因为不能有效证明“运输”而促成案件发回重审，后改判无罪。

我曾把诈骗拆解为“诈”即虚构事实或隐瞒真相、“骗”即错误理解而交付财物，还加上非法占有为目的等构成要件。据此，两个“套路贷”诈骗案件因为无法有效证明“骗”而改变定性，最后以非法经营、虚假诉讼等罪名判处1年多有期徒刑。

法学是一种解释学，文义解释是法律解释的起点和基础。我们可以把法律条文通过文义解释的方式进行技术化处理，这就是技术辩护的缘起。技术辩护其实就是从文义解释入手，将法律问题变成文本解读上的逻辑分析问题。律师应该不断提升文本解读与逻辑分析水平，从而为有效辩护提供助力。技术辩护还要求律师重视“文才”价值，并将“文才”与“口才”“辩才”相结合，以增强逻辑说服力。通过这些技术辩护手段，我顺利从生存期进入发展期。我成功办理了多宗一审轻判或二审改判案件，成为技术辩护律师。

从2013年“首倡义兵”成立广东卓凡律师事务所刑事部，到2014年参与成立广东卓凡（仲恺）律师事务所并主导刑事辩护，再到2015年向市律协建言成立刑事专业委员会，技术辩护逐渐成为我的“优化选择”。

在技术辩护律师眼中，律师与办案机关都在追求法律的公平公正，只是分工不同。如果说司法实践中侦查机关与检察机关的职责是“不放纵一个坏人”，那么律师关注的则是“不冤枉一个好人”，他们共同协助法院“不枉不纵”，使惩罚犯罪与保护人权并举。

2017年底，王思鲁律师来惠州陪我“跨年”时曾对我说，刑事辩护律师有资格写书，需要跨过“三个门槛”，即有二审改判案例、有死刑免杀案例、有无罪判决案例。

2018年，我跨过了这“三个门槛”。2019年，我出版了《三十而律》，主要介绍我从2007年通过国家司法考试成为“大龄新人”到2017年成为“辩护尖兵”的成长故事。在《三十而律》的新书发布会上，我曾向惠州日报记者宫晓磊“夸口”说，自己的写作目标是“一年一本书”，不料被记者写入报纸“广而告之”，这也就督促我每年需要拿出作品与大家分享。

2020年春节以来，我刚好有机会撰写《技术辩护三十六讲》。本书分为“辩护基础”“侦查辩护”“检察辩护”“一审辩护”“二审辩护”“专项辩护”六编，通过讲座的模式来介绍何为技术辩护、为何技术辩护、如何技术辩护。此外，本书还分享了我办理的一系列不批捕、不起诉、撤回起诉、免于刑事处罚、部分无罪判决、全案无罪判决、改变罪名轻判、排除关键证据轻判等成功案例，并附上了法律意见书、辩护词。

作为一线律师的办案手记，本书主要介绍如何办案、如何说服办案机关，长于案件实操而短于理论分析。如果这本书能够对年轻律师的成长有所裨益，能够让更多的人对律师的技术辩护风格有所了解，甚至能够辅助办案机关了解技术辩护、了解和尊重律师意见，那么，以上将是我写这本书最大的价值与收获。

这本书从2020年完成初稿到2023年最终定稿，颇为不易。感谢吕良彪、杨择郡、廖莘等前辈的支持与鼓励，让我有勇气把自己的故事分享给读者，与大家一起成长。

余安平

2023年5月28日

目录

第一编 辩护基础

第二编 侦查辩护

第三编

检察辩护

第四编

一审辩护

第五编 二审辩护

第六编 专项辩护

第一编

辩护基础

“工欲善其事，必先利其器”，

正式开展辩护之前的“利其器”，

构成律师技术辩护的基础。

第一讲　技术辩护

技术辩护，顾名思义，就是把辩护工作看成一门“技术”，从犯罪构成要件入手，将犯罪分解成一个个具体的技术要素，去审查这些技术要素是否“合规”。这种辩护方式，就是技术辩护，其基本方略是“政治问题法律化，法律问题技术化”。

“政治问题法律化”的司法实践，最早来自美国著名的“马伯里诉麦迪逊案”，按照法律的思维与方法解决争端。

这里有必要解释一下“马伯里诉麦迪逊案”。该案起因是美国第二任总统约翰·亚当斯在其任期的最后一年，因疏忽和忙乱有 17 份委任令在国务卿约翰·马歇尔（同时兼任首席大法官）卸任之前没能及时发送出去。继任的总统托马斯·杰斐逊让国务卿詹姆斯·麦迪逊扣发这 17 份委任状，威廉·马伯里即是被亚当斯总统提名、参议院批准任命为治安法官，而没有得到委任状的 17 人之一。马伯里等 3

人在久等委任状不到，得知是被麦迪逊扣发之后，向美国联邦最高法院提起诉讼。审理该案的法官约翰·马歇尔，运用高超的法律技巧和智慧，判决该案中所援引的《1789年司法条例》第13条因违宪而无效，从而解决了此案。

马歇尔法官避开了政治纷争，把政治问题当成法律问题来处理，开了“政治问题法律化”的先河。这不仅避免了因政治认知的不同而干扰法律的正常实施，还把政治争端放在了法律的框架下解决。

“法律问题技术化”，是把法律问题拆解为一系列构成要件，审查是否具备这些构成要件。技术辩护则是从“政治问题法律化，法律问题技术化”的逻辑出发，将一切刑事案件都看成“技术问题”，只关心在“技术分析”上能否达到逻辑自洽。

现代国家政治通过法律来实现，法律则接受政治指导。在我国司法实践中，政治效果、社会效果与法律效果本质上是一致的，这说明坚持法律原则本身就是坚持政治原则。一些地方却因为对政治理解存在误解，导致在法律适用上存在一些偏见，甚至曲解了国家政策精神，偏离了“国家立法”本意。

这就需要有一种辩护方法，能够避免因为一些人曲解政治政策而制造“马奇诺防线”，从而深入重大敏感案件的内部。辩护律师通过法言法语和技术技巧，与办案机关面对面沟通，引导他们运用法律思维解释问题并解决问题，于是技术辩护也就应运而生。

技术辩护的出现，其目的就在于促使“法律问题技术化”，从而深入“敏感案件”内部，用“法言法语”和“技术技巧”与办案机关对话，用法律思维解释问题并解决问题。毕竟“法律分析”，才是法律人的“老本行”。

即使是重大敏感案件，即便存在各种案外因素，只要进入司法程序，那么，辩护律师就可以根据法律授权要求会见当事人（犯罪嫌疑人、被告人），根据法律授权向办案机关了解案情，并向办案机关提交自己的法律意见。

只有将案件引导到法律程序内解决，律师作为专业人士才有自己的优势。律师从犯罪构成要件入手组织辩护，全面质疑证据来源的合法性、证据收集的规范性、取证主体的适格性、证据逻辑的确凿性。一旦该案件涉及的罪名在法律上无法成立，那么当事人就难以被定罪，也就基本上避免了受到刑事伤害。

律师与办案机关“讲法律讲道理”，这才能充分体现自己的专业价值。律师坚持技术辩护，本质上是尊重办案机关，把刑事辩护看成君子之战。技术辩护排斥各种法律之外的“行为艺术”，不能带来辩护效果的行为方式，都不属于技术辩护律师的“服务范围”。

即使办案机关存在一些取证不规范的行为，律师也要懂得“态度要坚决，语言要尊重”。律师应当穷尽各种合法的辩护手段,如申请证人到庭、申请鉴定人出庭、申请调取录像资料、申请重新做司法鉴定、申请“有专门知识的人”出庭、提出非法证据排除等。这些辩护手段即使没有在一审中发挥作用,也是在为二审甚至再审做准备。

“技术辩护”要求案件办理“摆事实,讲道理”。你可以不同意我的辩护意见,但应该拿出法律依据让我心服口服,而不能“顾左右而言他”;辩护人应用技术手段说服办案机关,而不是采取舆论等案外手段给办案机关施加压力。

律师与办案机关只是业务分工不同,他们都是法治文明建设的参与者,他们的任务就是通过法定程序,遵从法理逻辑,有效查明事实,正确适用法律。我们不在案发现场,也无法知道过去与预测未来,因此,需要通过规范的取证方式收集证据、分析证据,最终得出当事人有罪还是无罪、轻罪还是重罪、单罪还是多罪的结论。这样的案件才经得起历史考验,才能够解决矛盾而不是制造矛盾。

随着法治环境的改善与办案人员专业化建设的贯彻,越来越多的司法岗位由精通法律的业务精英承担着服务职能。勾兑辩护与红顶辩护甚至死磕辩护,逐渐失去了话语权。辩护律师必须更专业、更懂技术,才能与办案机关的业务精英有效对话。大家都是法律人,只有谈法律才是良好的沟通渠道,才能帮助当事人寻求法律范围内的利益最大化。

这就需要律师重新回到“法律人”的本质立场上，用法律手段以及通过专业化精细化的技术手段，去推动办案机关挖掘法律事实，从而作出合法合理的判决。律师最大的满足，是让自己的辩护意见变成法院的判决意见，通过个案追求依法依规来推动法治进步。

在个案中，律师不代表正义，律师只代表争议。存在争议的案件，就需要加强举证与说理，在严格遵循“疑罪从无”与“排除合理怀疑”的基础上不放纵有罪者，更不冤枉无辜者。当然，律师的“争议辩护”，长远来看也是在追求“正义辩护”，只有承认争议，重视争议背后的证据，才能最终实现公平正义。

懂得尊重对手的人，才会被对手尊重。坚持法律原则的人，才会被珍惜法律原则的人认可。技术辩护是历史发展的需要，也是依法治国的内在要求，“工欲善其事，必先利其器”。

第二讲 团队建设

技术辩护把辩护工作看作“技术问题”，拒绝把辩护人看成“正义化身”。辩护人只要尽职尽责、尽心尽意就好，无须强求“为权利呐喊”，也不用执着于“只许成功不许失败”。

技术辩护不仅要规避个人因素干扰，也要脱离道德绑架，他们只需要对辩护工作负责，做到敬业与专业。既然把辩护看作技术问题，就可以提倡“工匠精神”，不断提高自己的业务能力。

技术辩护需要团队建设，“一个人在战斗”属于情非得已。辩护律师只有站在技术辩护团队的巨人肩膀上，才可以“站得高、望得远”。一个人的精力毕竟有限，而且他的知识储备总会有短板，这就需要与他人组成技术辩护团队。

技术辩护团队不要求人太多，2 人到 10 人皆可，最好是 5 人左右，这样可以形成精干小分队，协同作业。刑事辩护不是“打群架”，不需要“韩信将兵，多多益善”，而需要优势互补，通力协作。

2016年前，我去云南昆明参加毒品辩护论坛时，曾专程拜会惠君琦。我们一见如故，都是技术辩护的拥护者，都喜欢从犯罪构成要件入手见招拆招展开辩护。我对惠律师说，建议他培养几个律师助理与自己一起办案。一则可以把日常事务交给他们，从而自己腾出手来研究一些疑难案件，不断“磨刀”，使自己的辩护能力更上一层楼；二则可以把自己的辩护知识传给助理们，不仅是薪火相传，更是为技术律师推动法治进步创造条件；三则“众人拾柴火焰高”，助理们一些中肯的建议与看法，可以帮助我们发现新的辩护思路，所谓“一人智短，众人智长”。惠律师也同意我的意见。

技术辩护团队需要1名核心律师，他不仅是整个辩护团队的领军者，也是技术安排的组织者。如果是2名律师组团，则1名出庭律师，1名文案律师；如果是3名律师组团，则2名出庭律师，1名文案律师。我偏爱的5人辩护小团队，则是3名出庭律师与2名文案律师搭配。这不仅可以同时为3名当事人（犯罪嫌疑人、被告人）辩护，也可以在案例分析中分别模拟“控方”、“辩方”与“受害方”。那些没有受害方的案件，则可以安排两名“辩方”律师分别模拟无罪辩护与轻罪辩护。

技术辩护团队的核心律师也是出庭律师，他可以少办案件，但不能不办案件。核心律师需要每年亲自操刀办理几个疑难案件，既能体现他们的专业价值，又能熟悉最新案例。

一些知名律师自己不再办案，只是扮演其他出庭律师的技术指导或者品牌顾问角色。这种脱离一线辩护实践的办案模式，我不太赞同。没有自己上阵的体验感，哪里会有实践经验？没有近三年成功案例的律师，如何让当事人及其家属信任自己能办案？律师办理案件，正如卖油翁所言，“我亦无他，惟手熟尔”。所谓“拳不离手，曲不离口”，律师需要通过持之以恒的办案，从而找到灵感乃至“手感”。

律师在技术辩护中的简单分工，就是出庭律师与文案律师（辅庭律师）。英国法律把律师分为不出庭律师（初级律师）与出庭律师（高级律师）。不出庭律师直接为当事人承办不动产转移、遗嘱、契约签订或公司组建等一般法律业务，并提供法律咨询、起草法律文书等，他们只能在基层法院出庭辩护。出庭律师不直接与当事人接触，由初级律师代当事人申请，在刑事法院、高等法院或上诉法院中出庭辩护。

中国没有引入英国这种律师分级制度。因此出庭律师与文案律师的区别，更多是一种律师辩护团队的内部分工，法律并未作出任何业务上的限制。

技术辩护团队的出庭律师，是指接受委托，与办案机关沟通并为被告人出庭辩护的律师，他们需要会见、阅卷，向办案机关提交申请书或法律意见书，并出庭为被告人辩护。技术辩护团队中的文案律师即辅庭律师，也被称为不出庭律师，他们可以参与会见、阅卷甚至与家属交流，但不需要出庭为被告人辩护。

出庭律师的业务能力，决定着技术辩护的实战能力，他们需要口才与辩才，需要敏捷的思维；文案律师的阅读与分析能力，决定着技术辩护的研究水平，他们需要文才与眼光，需要渊博的知识。

能够把文案律师的文才与出庭律师的辩才结合起来，才能形成强强联合的技术团队。这种技术分工，并不要求律师既要口才好又要文笔好，只要他具有一项优势，就可以通过与他人的合作来扬长避短。

不过，技术辩护团队的核心律师，应该是出庭律师。出庭律师需要通过每年获取成功案例，来丰富技术辩护团队的实战经验。一些律师辩护团队的核心律师逐渐成了老板律师或者培训律师，这就舍弃了律师刑事辩护的本职工作。就经济收益与社会声誉上而言，他们当然是成功人士；但作为技术辩护律师而言，他们属于舍本逐末。不办案的律师可能是富律师或者名律师，却不是擅长辩护的专业律师。整个律师团队的辩护水平，最终取决于办案能手，而不是营销高手。

一些律师辩护团队会请几位刑法学博士做文案律

师，不让他们参与会见甚至不要求他们有律师执业证，我不太赞同这种方式。我认为，有刑法学博士学位当然更好，但文案律师必须有律师执业证，这才能让文案律师不只是面对卷宗这些冷冰冰的证据材料，还可以去看守所会见，面对面了解当事人的想法与看法。文案律师在阅卷过程中必然会发现不少疑点，需要当事人作出相应的解释，这样才能把阅卷和会见结合起来，全面了解当事人的具体陈述，从会见细节中发现案件辩点。

我刚入行时，就是从文案律师干起的。当时我的指导律师认为我既然是教师出身，必然在口才与文才方面具有优势，因此分配给我的任务主要是阅卷、写法律意见书、制作讲课 PPT、普法宣传等。我当时对自己的要求就是“精益求精”，阅卷时会制作阅卷笔录与阅卷摘要，然后撰写法律意见书，甚至在指导律师出庭时帮他起草询问提纲、质证提纲与辩护提纲。我的这种习惯一直保留到后来开始带助理，也要求助理从文案律师做起，在文字阅读过程中发现案件的疑点与辩点。

技术辩护团队如果有 2 名以上的出庭律师，则需要有律师作为出庭律师的副手。这位律师不仅可以在重大疑难案件中协助核心律师出庭辩护，还可以在一般性案件中独当一面自行办案。当然，技术辩护团队内部需要定期交流，群策群力。

如果技术辩护团队有 4 名以上的律师，则可以增加

1名文案律师，这名新增的文案律师主要负责收集资料，当然这些事务也可以交给实习律师处理，但不要小看收集资料，这项工作是在为整个技术辩护团队提供数据库支持。

刑事辩护中不仅要收集相关的法律法规，还要收集涉案罪名相关的案例，特别是法院所在地的无罪或轻罪案例；还要收集涉及该罪名的专家学者意见，特别是办案人员发表的文章；甚至要收集其他律师撰写的法律意见书、辩护词等法律文书。

技术辩护团队如果条件允许，要有具备办案机关工作经验的律师入伙。我办理刑事案件时，最初的几位搭档都曾在公安机关工作，他们有着丰富的侦查经验，一个案件到手清楚侦查方向在哪里，可以提前做出预判。

上述律师的工作经验与观察视角，可以帮我提供办案思路。我在分析案情时，时常会问他们，如果你们是办案机关工作人员，会如何看待这个问题。这其实也是通过他们的反馈，帮助我提前了解侦查机关、检察机关办案习惯，加强说理与说服。我喜欢定期组织刑事部疑难案件分析会，是因为刑事部警察、检察官、法官出身的律师多，大量案件借助他们的视角与经验就可以“实战演习”。

我曾把办理的袁某等敲诈勒索3700余万元的案件提交给刑事部进行疑难案件分析，结果我的同事不仅分析认为本案不构成敲诈勒索罪，还提醒辩护律师应当注意法官可能会向寻衅滋事罪寻求突破。后来的判决结果在我们的预料之中，法院认为袁某等不构成敲诈勒索罪，但构成寻衅滋事罪，作出了最长 14 个月的判决。

技术辩护团队要求“贴近实战”，按照办案机关的要求推演案情、预判案件发展。技术辩护需要组团辩护，需要从不同的视角特别是从检察机关乃至受害人的角度去质疑律师的辩护意见，才能充分保证辩护效果。如果平时的对抗性演练比实战要求更高，那么在庭审时也会更加从容不迫。

第三讲 业务营销

技术辩护讲究业务优先，技术辩护律师是凭实力赢得尊重的。但在互联网时代，“酒香也怕巷子深”，这就要求技术辩护律师不能像传统律师那样等待案源，而应该主动引起关注。技术辩护律师的长项是“办案”，应把自己定位为业务精英。

技术辩护律师需要凸显自己的“技术流”风格，因此各种营销手段都不能脱离“辩护技术”这个中心。

律师的工作只能是业务办理，他们可以有业余爱好，但这种业余爱好不能喧宾夺主。有些律师的朋友圈总是显示他在讲课或者开会，却没时间去会见，甚至没有时间去阅卷，这样的律师只会让他的潜在客户望而却步，因为，客户找律师是来办案的，其他都是次要的。

技术辩护律师的主业是刑事辩护，因此他们经常“晒”的应该是自己的办案感悟或者经典案例，这才是让人信服的“核心竞争力”。

律师不能“太忙”，太忙的律师哪有时间阅卷？哪有时间会见？律师也不能“太闲”，“太闲”的律师说明“缺乏案源”。不被客户看好的律师，如何能够被客户看重？律师的朋友圈每天发布信息，不要超过 3 条为好，尽量“谈办案”，偶尔“晒”一下自己的心得体会。

技术律师的业务营销，主要是“四大件”，即讲座、撰文、公益普法、案件分析。技术辩护团队之所以需要文案律师，要求文案律师文笔好，就是因为技术辩护的业务营销离不开写作。

律师营销中各种讲座 PPT、经典案例、公益普法、案例展示，都需要文案律师提供技术支持。你看到某律师是“全才”，张口就能开讲座，下笔就能写文章，面对媒体采访成竹在胸，案例分析时娓娓道来，固然有极少数律师“真厉害”，但更多的是他的写作班子“真厉害”。

我刚进入律师行业时，就是律师前辈身边的“撰稿人”。参加各种活动时，行前能策划，途中能拍照，事毕能宣传。特别是当大家还沉浸在活动的热闹时，你能写好宣传稿配好图片交给行政主管。

当然，成为“撰稿人”也是要付出努力的。只有把别人喝酒、喝咖啡乃至午休的时间拿来阅读、写作，十几年坚持平均每天一篇文章，才有“指物作文立就”，甚至“其文理皆有可观者”。

记得 2016 年我参加“中南六省（区）律师论坛”时，

蒋勇律师授课曾讲，任何人请他去开讲座他都会去。如果说大学或者律师协会邀请他开讲座，“自带干粮”都行，因为，这是别人搭台他来唱戏，宣传的是他自己。他还说任何人要与他合影，他都表示欢迎。别人与他合影必然会发朋友圈，这其实也是宣传他。

这件事对我启发很大，此后，我出差办案遇到讲座邀请，都会欣然接受。这是给我提供平台，是宣传“技术辩护”和锻炼提升自己的机会。

律师参加各种论坛或者讲座，如果没有被安排发言，也一定要创造条件主动发言，如向主讲人提问，甚至向点评嘉宾提问。即使场上没有机会，也应该利用茶歇时间与主讲人、点评嘉宾认识认识，你需要的是“让别人认识你”。

参加各种活动需要发言的，更要注意高质量发言，这样才能引起关注。参加了论坛或者听了讲座之后，还有下半场，那就是整理出文稿。这既能体现你的参与价值，也能锻炼你的写作能力。

我最初参加活动只是写一篇 1000 字以内的简讯。后来接受前辈指导，我开始把自己的发言稿整理出来，即使没有发言也写一篇命题作文参与主题讨论。这样，那些没有参加活动的人，能通过你的文字表达，了解活动内容，从而被你的表达吸引。

此外，喜欢写作的人很容易被邀请参加活动，因为他们自带媒体功能，主办方当然希望这些写作高手可以参与宣传。你不仅能够提供有质量的发言，还能撰写有质量的宣传稿，那些会议组织者，岂能不给你提供发言机会？

技术辩护律师切不可错过公益普法，特别是接受媒体采访。技术辩护律师从事公益普法时，需要注意宣传自己的业务能力。在分析案件时，应该站在弱者一边，谈如何捍卫他们的合法权益，如何避免冤假错案；而在谈到自己办理的经典案例时，应当避免贪功，多表达感谢。

在接受广州日报采访谈我办理的洪某运输毒品2.9公斤案件被改判无罪时，我没有谈自己业务如何娴熟，我谈的是“三个感谢”。其一，感谢当事人洪某坚持无罪供述，坚持认为自己是无辜的，这才让律师有信心坚持无罪辩护，也让法官意识到本案证据可能有问题；其二，感谢法官能够坚持“疑罪从无”原则，依法审查证据、认定事实作出无罪判决；其三，感谢检察院能够充分尊重被告人的合法权益，尊重法院的审判结果，在法院改判无罪后没有继续抗诉，检察院不仅是站在公诉机关立场上，而且是站在法律的立场上。

一些客户可能对律师的网络文章不太信任，但他们必定信赖官方媒体。许多律师的办案技巧没办法公开，更不能在媒体上宣传，但技术辩护律师却没有这些顾忌。

他们可以侃侃而谈如何通过技术手段说服办案机关。

技术辩护律师最不缺的就是可以“晒”的经典案例。按照我们律所刑事部的经验,第一次“晒案例”就是律师接到案件后开始写案例分析,这篇分析文章可以谈一般性的辩护问题。例如,我之前接到大额诈骗犯罪案件,就写了一篇《网络诈骗犯罪辩护的七个切入点》。这些文章一方面是总结自己的辩护经验,另一方面则是为正在办理的案件提供技术分析的支持。

第二次“晒案例”则是组织刑事部疑难案件分析会,此时不仅需要注重组织疑难案件分析,而且要列举有代表性的律师的发言,甚至特邀专家出具点评意见,在隐去案件当事人个人隐私后,写成一篇读完就知道律师如何辩护的技术宣传推文。律师不要担心别人学走了自己的辩护技巧,要知道律师在办案中体现的业务能力只是冰山一角,而且许多辩护技术“运用之妙,存乎一心”,本就不是文字可以完整叙述的。

第三次“晒案例”则是案件判决下来后,此时只要律师的辩护意见有被法院采纳或者法院作出的判决低于公诉机关量刑建议的要求,都可以作为成功案例并写成宣传文章。我的擅长领域就是技术辩护与无罪辩护,我负责的案件并非都能无罪释放,而是案件经过辩护,当事人能够从轻或减轻处罚。

律师“晒案例”有讲究,不是各种案例都可以“晒出来”。不少律师喜欢“晒”知名案件，如帮哪位名人代理了辩护，却不敢说明辩护结果。这最多说明这位律师办理了知名案件，但并不属于成功案件，不能体现律师的辩护价值，甚至会被人误解乃至曲解。

技术辩护律师的业务营销，其实就是向潜在客户展示我能办案，而不是我办过案件。可以大大方方展示自己如何成功辩护的。我们的客户找我们是能办案，而不是换一个知名律师输掉官司。客户请知名律师，也是需要律师能办案的。

刑事辩护律师不能承诺案件结果，但可以展现他们的办案成果。许多当事人及家属都是从裁判文书网上查看目标律师是否有真材实料，这就成为技术辩护律师的福利。

第四讲 客户接待

技术辩护律师接待的客户，基本都是冲着这些律师的业务能力过来的。如果说不少律师的案源来自他们的社会地位，那么技术辩护律师的案源则来源于他们的成功案例。出名律师不等于专业律师，毕竟不少律师“出名”是因为他们的社会地位或者“江湖传说”，而不是因为成功案例。

不少人找律师是因为某律师事务所名气大，或者是因为某人的推荐，或者是因为某位律师名气大。他们对寻找的律师并没有倾向性，这就有很大的碰运气成分。技术辩护的律师则不一样，他们更多是因为擅长办案而被客户找到，因此他们接待客户只需要展示自己靠谱。

客户找到技术辩护律师，一般有 4 种方式。

第一种方式最简单，那就是直接去一些知名律师事务所找他们刑事部律师，在与他们寒暄过程中，了解这些律师的业务能力。这一条需要客户见多识广。

第二种方式最实用，那就是让自己的熟人推荐一位律师。还有人请业内人士陪同自己去约见靠谱的律师，这一条要求客户具有较多真心帮自己的朋友。

第三种方式最精细，那就是通过网络搜索自己需要的律师。在网上寻找与自己的家属同一罪名的法律文章特别是案例，然后从几位有成功案例的律师中选择看起来不错的律师，通过电话联系甚至当面拜访。这一点要求客户自身具备法律专业知识与识别能力。

第四种则是找知名的办案律师，这一条对客户要求也高。一些客户有无罪辩护需求，就找无罪辩护律师；有免死辩护需求，就找死刑复核律师；还可以找专门的毒品犯罪辩护律师、诈骗犯罪辩护律师、醉驾犯罪辩护律师等。这一种找律师的方法比前面几种要求水准要高出许多，最基本的条件就是律师费较高，而且知名的办案律师有档期。

技术辩护律师接待客户有三种方式：一是办公室接待，二是茶庄接待，三是网上接待。所谓办公室接待，就是客户直接来律师事务所与律师见面，这往往适用于那些距离律师所在的城市不远的客户，他们可以直接过来实地考察。茶庄接待，则是在律师事务所附近的茶庄接待客户。网上接待是客户因为客观原因，比如，距离太远甚至远在国外，或者直系亲属都被采取强制措施不能外出，他们只能与律师网上交流。技术辩护律师接待客户时，都需要以诚相待，让客户信服自己的服务能力。

技术辩护律师接待客户时，最需要放置在桌面上的应该是装订成册的经典案例集，那一份份取得辩护实效的判决书与辩护词，才是技术辩护律师办公室的好装饰；律师给客户介绍自己办理的成功案例，才有现实说服力。至于律师获得多少名誉头衔，有多少精致收藏，并不是客户最关心的。他们关心的是律师的“实干”能力，有没有成功案例。

技术辩护律师在办公室与客户见面，寒暄几句就可以直奔主题。问清楚案件在哪里，案件到了哪一步，基本案情是什么，办案机关怎么说，此前有没有请律师，然后就可以当场对本案有没有辩护空间做出判断。

经验丰富的律师虽然不能保证案件结果，但他们可以预判案件的走向，附条件提出自己的辩护意见。我办理的那些无罪释放的案件，基本是在接待客户时当场做出了研判，如果事实与当事人陈述的一致，可判断出本案是否存在无罪辩护空间。

一些客户，不喜欢律师事务所这种太严肃的场所，此时律师切忌去客户的办公室，而应该选择律师事务所附近一家茶庄，便于双方慢慢交流。

律师此时不可能把办公室的陈设带过去，但他可以带自己的经典案例与客户交流。不少客户在茶庄与律师见面时，会带法律专业人士来考察律师的业务能力。律师如果没有真才实学，在这种情况下很容易“现出原形”。律师如果能够使客户旁边的业内人士折服，则更能获得客户的信任。

我就有不少客户带着他的法律界朋友过来约我喝茶，甚至最初只是咨询乃至让我帮他推荐“靠谱”的律师。曾经办理的叶某买凶杀人案，我最初就是以咨询律师的身份接受了委托人的“面试”。我当时提出该案“上中下”三种结局，“上策”是认定为犯罪预备阶段中止，可能是3年以下有期徒刑甚至缓刑；“中策”是犯罪中止，可能是3年以上10年以下有期徒刑；“下策”是犯罪未遂，该案件毕竟是杀人案，有可能是10年以上有期徒刑。客户认为我的分析比他最初的律师更全面，于是当机立断委托了我作为本案辩护律师。最后，该案被认定是犯罪预备阶段中止，判了9个月。

“网上接待”客户，是互联网时代的新特色。一些客户有聘请律师的需求后，在当地找一个生活律师负责会见等日常事务，案件办理则从网络上寻找业务能力出众的律师。技术辩护律师之所以要“晒”自己的成功案例，要写专业分析文章，就是因为网络接待越来越成为新兴市场。

如果说“线下”还存在一线城市律师与二三线城市

律师、省会城市律师与非省会城市律师的区别，那么在“线上”，律师都是“平等”的。客户可以通过网络搜索，与任何城市的律师取得联系。只要这位律师的案例或者文章，能够被大数据抓取并引起客户的注意。

互联网面前，“世界是平的”。客户可以全国范围内挑选律师，甚至通过裁判文书网来甄别律师的辩护效果，直接剔除勾兑律师。这些客户前期已经做足了该律师的资料审查，清楚这些目标律师有哪些成功案例，熟悉这些“目标律师”的辩护特点，因此他们与这些律师的交流也就简单明快。

技术辩护律师“网上接待”客户，基本上不需要自我介绍，只需要向客户了解基本案情，然后依据法律规定与司法实践做出初步判断。客户对这样的目标律师已经有了信任基础，他们与律师之间的交流并不是考验律师是否胜任刑事辩护，而是查明案件的基本走向，以及提出自己的心理预期，并与律师协商收费标准。

技术辩护律师能够“网上接待”客户，说明律师自己在业内乃至互联网上享有一定的地位。技术辩护的“领头人”王思鲁律师，曾提醒我要多办一些外地案件，尤其是外省案件，多接受官方媒体采访，特别是介绍自己的成功案例，这其实就是方便一些外地客户通过网络找到自己。如果一名律师很少有外地案件，这就会让外地客户认为他只是当地律师而不是全国性律师，很容易在第一轮选秀中就舍弃了这些律师。

那些影响力巨大的案件、那些有无罪辩护空间的案件，技术辩护律师切不可忽略，代理这些案件在一定程度上是给全国的潜在客户看的，因此，更需要充分展示律师自己的能力。

第五讲　洽谈合同

技术辩护律师洽谈合同，需要“明码标价，不做承诺”。这也是技术辩护律师区别于其他律师的显著特点。

无论是办公室接待客户、茶庄接待客户，还是网上接待客户，都少不了与客户洽谈合同，明确收费标准与收费方式。技术辩护律师之所以首选办公室接待客户，是因为无论是洽谈合同还是收取律师费都可以当场完成。

技术辩护律师与客户洽谈合同，可以提出3个档次。洽谈的律师自我定位为“中档”，从而留给客户一旦对中档不满意，还有“高档”与“低档”的选择。“中档”的服务已经是负责洽谈的律师的正常水准，该有的服务包括提交法律意见书、约谈办案人员、提出羁押必要性审查、申请证人到庭。

接待客户的律师技术水平，直接决定着洽谈合同时的收费层次。既然是技术辩护律师，且在接待客户时如数家珍谈到自己有一系列成功案例，那么“中档”收费层次一般应该按照当地律师收费的正常标准2倍左右开价。

如果客户对“中档”律师的收费标准接受度较低，那么洽谈律师就应该迅速推荐“低档”收费的律师给客户。这些收费“低档”的青年律师，虽然从业经验没有自己丰富，但知识全面、有热情有激情，还要顺便介绍这些青年律师跟着自己办理了哪些成功案例。没有成功案例的律师，我认为不要推荐给客户，这不仅是对客户负责，也是对青年律师的严格要求。

青年律师有再多的知识储备，没有成功案例之前，还是不建议单独办案，有成功案例才有办案的底气。我们推荐的青年律师一旦在办案过程中让客户不满意，很容易让他们对洽谈律师失去信任。青年律师接到案件时，我也主张有“中档”律师来接洽，让客户清楚我们技术辩护律师的团队协作精神。

如果客户对“中档”律师的服务质量认可度不高，那么洽谈律师就应该及时向他们推荐比自己更资深的技术辩护律师。这些水平更高一些的技术辩护律师，站在洽谈律师的“肩膀上”，本身就具有权威性。洽谈律师需要向客户介绍“高档”律师那些辉煌战绩，展示比自己闪光的地方。

我作为“超级副手”，能够推荐的比我“高档”的律师，不是我们市律协刑事法律专业委员会主任、律师事务所主任，就是那些比我入职更早的资深合伙人，他们当然有不少值得津津乐道的成功案例。一家成熟的律师事务所，必然是高手频出。技术辩护律师切忌认为自己“天下第一”，那样就失去了团队发展前景。

技术辩护律师与客户洽谈合同时，不仅要明确收费档次，还需要明确收费方式。我比较赞同律师洽谈合同时开出“打包价”，不仅把差旅费算入律师费以避免后面频繁报账的麻烦，而且一次性把侦查阶段、审查起诉阶段、一审阶段的费用合并收取。当然如果是代理二审或者发回重审、死刑复核、再审，则需要另行签署合同专门处理。

我不赞同分阶段收费，这也是避免客户误解律师故意延长案件进程。曾有些死磕律师按照庭审时每天多少钱收费，这也导致他们滥用管辖权异议、回避申请、罢庭退庭等手段拖延庭审进程。没有相应的辩护效果，这些行为容易引起客户不满。律师“一次性”收取 3 个阶段的律师费，则其必然尽量争取当事人（犯罪嫌疑人、被告人）早日被释放或者早日判决。律师此举也可以避免被客户猜疑甚至猜忌。

有些客户会要求与辩护律师私下约定获得超额辩护效果时的奖励，如取保候审奖励多少，不起诉奖励多少，无罪释放奖励多少。他们试图通过这种方式，充分调动律师的办案积极性。我对于这种奖励模式不支持也不反对，客户自愿在律师费之外给予辩护律师相应的馈赠，并不违反法律禁止性规定。但律师自己不能主动提出这种要求，这会影响律师的个人形象。

技术辩护律师原则上不接受客户讨价还价，除非出现3种特殊情况。第一种“特殊情况”是当事人被冤枉且家境贫困，此时律师接受案件代理本身就是“辩诬洗冤”的道德救助；第二种“特殊情况”是案件存在无罪辩护空间且家属支付能力有限，此时律师接受案件代理是为自己的行业形象增光添彩；第三种“特殊情况”是案件具有一定的社会影响力，且家属尊重律师的辛勤劳动。此时律师接收案件代理，是用自己的个案行为承担公益普法职责并宣传自己的业务能力。

技术辩护律师不应该只看到律师费，也不应该只是出于同情代理案件。他们需要辩护实效出挑，接受委托后用一个个成功案例，擦亮自己的业务品牌。律师需要如实告知案件存在的风险，避免客户对自己有不切实际的幻想。

律师洽谈合同时，要把各种意外事件写入合同，让客户知道律师的服务范围与服务项目。我在洽谈合同时，会明确告诉客户我会提供多少次会见，会提交多少份法律意见书，会安排多少次约谈办案人员。

对于那些大案要案，如犯罪金额过亿的案件或者毒品数量超过100公斤的案件，我会明确告知客户本案会提交律所刑事部疑难案件分析会。如果他们要求聘请一些知名法学教授提供专家意见，我也会提供便利，甚至可以申请有专门知识的人出庭。

一些律师对如何使用专家意见、哪种情况下申请有专门知识的人出庭不太清楚。其实这些辅助人员，都是辩护律师的助手，他们是为辩护律师提供辩护参考，而不是代替律师进行辩护。辩护律师应该借用他们的论证逻辑，而不是抄袭他们分析结论，否则就是舍本逐末。

专家意见是帮助律师思考，帮助律师发现公诉人的逻辑漏洞。有专门知识的人出庭，是对专业意见做出有利于被告人的解读。我曾在消防责任事故中申请消防公司的总工程师出庭作证，详细解释消防设计的布局安排，解释火灾发生后出现事故是哪个环节出了问题，这对我们的辩护产生了不错的效果。

律师是法律风险控制专家，因此他们一定不能让自己卷入风险中。无论是在办公室与客户洽谈合同，还是在茶庄与客户洽谈合同，甚至在网络上与客户洽谈合同，最终都要求客户带上身份证件及与当事人亲属关系证明甚至拘留通知书等文件前来，当场核实委托人与当事人之间的亲戚关系，然后才能办理相关手续。

律师切不可接受客户不在现场签署合同。如上次在浙江办案，我就要求家属从吉林飞过来，当着我的面办理相关手续。当然，这也是为了让家属在律师事务所看到律师，心里踏实。

有些家属真的过不来，要求律师去家属所在地办理相关手续，律师也可以特殊对待。例如，家属先向律师事务所转账 1/3 到 1/2 的律师费用，然后律师来到家属所在城市办理相关手续。

非接触洽谈合同，容易引起误会，但司法厅网站上律师的公示名单，或许可以成为很好的防伪标识。

律师与客户洽谈合同，需要实事求是，明确告知自己能够提供哪些服务，但不能做任何辩护结果方面的承诺。要知道决定案件结果的，并不是律师或者是检察官、法官，而是侦查机关收集的证据。

律师与办案人员都不在案发现场，更没有上帝之眼，他们只能根据侦查机关收集的证据，做出有罪或者无罪、轻罪或者重罪的研判。

律师能够赢得客户尊重，不仅需要专业与敬业，还要为人坦诚，要让客户认识到律师不仅有能力，而且诚实可靠。

律师被客户诚挚相待，也就需要倾心相报，尽职尽责辩护，充分保障当事人的合法权益。

第六讲 出差攻略

技术辩护律师大量的案件，都是外地案件，因此他们需要考虑出差问题。会享受生活的律师，才能高质量办案，所以司马懿说诸葛亮“食少事烦，其能久乎？”技术辩护律师也应该在办案之余充分享受高质量的生活。

在技术辩护律师眼中，出差也是旅行。我曾提出技术辩护律师应该“办案走遍全国，美食吃遍全国，美景看遍全国，美文读遍全国，朋友交遍全国”，这样的律师不仅“相识满天下”，而且可以引导青年律师把律师出行当成旅行，这样出差也是享受。

我们既要埋头苦干，也要抬头发现周围的风景，甚至仰望灿烂星空。古人说得好，“读万卷书，行万里路”，在游学中才能践行“知行合一”。

出差到外地办案，交通工具有 3 种选择倾向性。如果是近程出差，如 400 公里内，建议自己开车出行，除非铁路或者高铁特别方便。

如果是中程出差，如400公里外800公里内，则优先选择铁路或者高铁，当然如果飞机方便则选择飞机。如果是远程出差，如800公里以外，则优先选择飞机，除非铁路或者高铁更方便。

技术辩护律师出差，无须太多应酬，只须要带上自己的生活用品与办公用品足矣。如果是自己开车，建议后备厢备好卷宗材料与笔记本电脑、便携打印机等办公用品与出差日用品，还可以携带茶具、电水壶等会客用品。

如果是搭乘火车、高铁或者飞机，则双肩包是首选。我喜欢背着大容量的双肩包，笔记本电脑、卷宗材料与日用品、衣服都可以放入，再斜挎一个简易小包用来放雨伞、水杯、手机、钱包之类。我不太建议用旅行箱，除非卷宗材料太多，或者有家属派车陪同。

律师出差，带上助手一起出差比较安全，而且出门在外相互有个照应。

酒店的选择，一要考虑靠近办案机关或者看守所，即办事方便放在第一位；二要考虑当地酒店的正规性，这些能够保证安全。如果没有三星级以上的酒店，那么选择政府招待所或者军分区招待所也不错。酒店附近切忌太吵闹，需要远离闹市。律师出差需要安静的环境，保证睡眠质量。

出差在外，拜会当地律师朋友是必修课，既是向律师同行致敬，也是熟悉当地司法机关的办事风格。技术辩护律师经常会在律师群里“晒”行程,其实就是“邀约”当地的律师朋友见面。那些来本地的各地律师,我只要有空都会接待,我去外地出差也经常有当地的律师接待。

有当地律师帮忙,找看守所都要方便得多。我曾前往常德看守所,就是当地律师开车载我前行。来本地办理会见的律师同行,我也曾客串司机送往看守所,毕竟“天下律师是一家”。

如果有空,技术辩护律师切勿错过与当地律师的业务交流。这些年前往全国各地,我都习惯与当地律师交流刑事辩护,向他们学习办案经验,同时分享我自己的辩护感悟。

2019 年以来,我每次出差与当地律师交流,都会组织一次讲座,从我办理的经典案例出发介绍我的办案心得。律师骨子里是文人,以文会友是律师出差会客永恒的主题。

如果律师有一定的知名度,则出差时不可错过与当地的网友见面。这些网友可能是文人,也可能是商人,甚至可能是公务员,只要大家谈得来就好。技术辩护律师主打的是辩护技术,因此他们与各种网友的线下见面都很简单,即使对方是法官、警察甚至政府官员,大家也可以以诚相待,以心相交。

与法律界朋友见面,如果对方对自己办理的案件有兴趣,可以组织一次疑难案件会诊。当地的法律界朋友对当地法院如何办案有相应的经验储备，我们可以借助他们的经验介绍了解当地法院的判决风格，熟悉主审法官的办案特点。

我曾在湖北孝感出差办案，当地律师就告诉我主审法官是新晋专业人士，受过良好的刑法学教育，建议我对于学院派法官可以“理夺”而不能“情求”。技术辩护律师最喜欢的就是与中青年法官打交道，他们对刑法学理论非常熟悉，更容易接受“排除合理怀疑”原则，更愿意倾听律师有理有据的意见。

律师辩护需要知己知彼，不仅要研究法官办理过的案件，还要研究法官发表的文章。根据法官的思维习惯，引导法官接受律师的辩护意见。

出差少不了“美食美景美文”，律师到了一个城市出差，当然不可辜负当地的特色美食，这不仅是对当地饮食文化的尊重，也是善待自己的味蕾。有当地朋友带路，到处都是“美食地图”。

技术辩护律师切不可辜负当地的风景区，特别是有文化底蕴的景点。我去无锡办案，拜谒东林书院与惠山古镇，还与当地记者“网友”雪中游园。我去绍兴办案，当然少不了去鲁迅纪念馆、沈园、谢安山、白马湖，还与当地律师切磋技术辩护四项基本功。

我去常德办案，拜会了澧县文庙，顺路去了张家界与岳麓山、橘子洲，与当地律师交流无罪辩护的方向与方法。去兰州办案，干脆去了白塔山、小西湖，还去了临洮看牡丹。当然，律师既然是办案之余享受美景美食美文，因此律师旅行应该放在办完正事之后，避免引起家属的误会。

把出差当成旅行，这才不会认为出差是一种痛苦，而是乐在其中。如果旅行之余拍些照片写写文章，那更是一种情趣。律师其实可以把自己融入周围人的生活，律师工作并非律师的全部，他们是有血有肉的正常人，并非不食人间烟火。

拜谒文化古迹甚至拜祭先贤先烈，既体现了自己对文化传统的热爱，也表明了自己对前人功业的敬仰。在杭州时，我就与当地律师朋友去岳飞庙拜祭，精忠报国的热情与碧血丹心的风骨千百年来激励着后人。

会生活的人才会工作，技术辩护律师需要在出差过程中享受旅行的乐趣，这才能爱上旅行、爱上出差，用自己的生活激情带动工作热情。

律师们，请放慢工作节奏，不要忘了出差之余身边的风景，更不要辜负身边的美景、美食、美文。

第二编

侦查辩护

侦查阶段辩护需要“按图索骥”，
争取不足以定罪的案件不批准逮捕，
足以定罪的案件剔除不实证据。

第七讲 初次会见

技术辩护律师在接受委托后，第一件事就应该是去看守所办理会见。

技术辩护律师第一次会见犯罪嫌疑人，需要完成三项任务。第一是“自我介绍”，让犯罪嫌疑人信任自己能够帮到他。第二是“询问案情”，了解侦查机关掌握了哪些基本证据，清楚本案的侦查方向在哪里。第三是“法律分析”，根据犯罪嫌疑人的陈述做出专业分析，并对案件的走向做出相应的判断。律师不能保证案件结果，但律师能够研判案件的基本走向。

技术辩护律师的自我介绍也是一门技术活，既要告诉犯罪嫌疑人是如何请到自己的，如你最信任的某亲戚通过朋友关系找到我，你太太过来办的委托手续；又要告诉犯罪嫌疑人自己很专业，如自己办理了哪些成功案件。当然，如果律师的名片比较出众，可以给当事人一张名片。例如，我的名片上除了姓名、单位、联系方式、地址、执业证号，还会列上省市两级律师协会的职务与律师事务所合伙人暨刑事部副主任的头衔。当然，对于那些与刑事辩护无关的“头衔”，就无须列举，很容易冲淡律师的专业特色。

技术辩护律师第一次会见犯罪嫌疑人，要做相应的准备，包括收集相关罪名的案例特别是判决书与辩护词，清楚这些罪名涉及的关键要素。技术辩护律师初次会见，不能局限于常规律师也能做的那些日常事务，如稳定其情绪、了解其涉案罪名、为嫌疑人申请变更强制措施、为其家属传话安慰嫌疑人、为嫌疑人传话给家属需要哪些生活用品等。这些常规工作，并不能让犯罪嫌疑人对自己的专业素养产生信任。技术辩护律师需要展示自己与常规律师的明显差别，他们需要在初步查明基本案情的基础上，判断案件的走向，提出相应的建议或对策。

技术辩护律师不是生活律师，而是业务律师。他们需要见到犯罪嫌疑人后立即带给对方信心，用自己的专业知识帮助对方摆脱迷茫与无助。技术辩护律师第一次会见犯罪嫌疑人，一定会询问对方是否有冤情。这不仅是律师是否选择无罪辩护的关键，也是通过犯罪嫌疑人的陈述发现有效辩护线索的关键。如果犯罪嫌疑人明确自己有冤情，则技术辩护律师要接着询问“冤在哪里”，审查犯罪嫌疑人所说的冤情究竟是法律上的无罪、轻罪还是犯罪嫌疑人自己的错误理解。

对于那些单人单案的简单刑事犯罪，律师通过询问犯罪嫌疑人基本就可以了解清楚案情概况，但要求犯罪嫌疑人实事求是。经验丰富的技术辩护律师，也很容易甄别犯罪嫌疑人究竟是在说实话还是假话。

当然，律师即使察觉犯罪嫌疑人没有说实话，也不应该指责他撒谎，而应该强调只有对律师如实告知基本案情，律师才能有效分析案件走向。

律师在询问犯罪嫌疑人的过程中，一定要围绕“侦查人员问了你什么”“你回答了什么”“侦查人员对哪几个问题反复询问”等话题展开。如果犯罪嫌疑人坚持“喊冤”，则律师应该补充询问“你做了什么”，判断案件是否存在无罪辩护空间。律师清楚了侦查人员关心的重点，再结合犯罪嫌疑人的供述查明本案的难点与侦查方向，也就可以帮犯罪嫌疑人把握案件走向。

我经常在完成案情询问后，就对那些有无罪辩护空间的案件做出论断：“如果你刚才的陈述是真实的，本案存在明显的无罪辩护空间，你应该不构成犯罪。”之所以大量的无罪案件犯罪嫌疑人可以在批准逮捕前的黄金37天释放出来，就是因为案件存在律师能够发现的缺漏，这些缺漏导致“有罪推定”的逻辑出现漏洞。

技术辩护律师切忌引导犯罪嫌疑人改变口供，一不小心就会遭遇《刑法》第306条，被认定为“妨碍作证”。但技术辩护律师也不能对犯罪嫌疑人可能存在的被诱供、逼供甚至错误供述视而不见，他们需要对犯罪嫌疑人及时提供专项法律咨询服务。

技术辩护律师的法律咨询服务需要简洁实用，如从犯罪构成要件入手，告诉犯罪嫌疑人同时存在下列要素，则构成本项犯罪，这也就意味着如果构成要件缺失，可能不构成本罪。律师了解了基本案情后，应该做出明确判断，特别是对于可能不构成犯罪的案件，切不可含糊其词。

2018 年，我曾在广州办理一宗张某涉嫌抢劫案件，第一次会见后我就明确告诉张某，抢劫罪需要同时满足 3 个条件，即以非法占有为目的、当场使用暴力或以暴力相威胁、强行将他人财物抢走。本案中你要么去了抢劫现场，要么与其他抢劫犯事先通谋抢劫，要么明知他人去抢劫你提供了帮助，但只要不属于这 3 种情形中的一种，那么你不构成犯罪。询问完毕后，我直接告诉张某，如果你刚才的陈述是真实的，你既没有与他人合谋去抢劫，也没有出现在抢劫现场，更没有为他人抢劫提供帮助，最后也没有参与分赃，则你应该不构成犯罪。

后来我给公安机关寄出一份张某不构成抢劫罪的法律意见书，随后又在呈捕阶段给检察院寄送一份建议不予批准逮捕的法律意见书。张某被羁押快满 37 天时，因事实不清、证据不足不予批准逮捕，被释放。

对于那些需要犯罪嫌疑人翻供的案件，技术辩护律师只需要告诉他们法律如何规定，而不应该引导他们如何向办案机关陈述。我经常要求犯罪嫌疑人实事求是，不要隐瞒真相，但也不能帮别人背锅担责。

我们许多律师在2012年《刑事诉讼法》修改之前就有多年的办案经验，在警察陪同下询问犯罪嫌疑人，都能察觉犯罪嫌疑人是否"屈打成招"，当然在不能监听的环境下，更能够知道如何"只谈法律规定，不谈你该如何陈述"。

我多次参加市律师协会与市看守所之间的交流，因此，深知我们律师需要严格按照法定流程并遵循看守所具体规定来办理会见。每年都有律师不慎触犯刑律，这更需要引起我们的安全警觉意识。律师需要清楚"越自律越自由"，我们都不在案发现场，不清楚究竟发生了什么，我们只能根据犯罪嫌疑人的表述来归纳案情，分析判断案件结果。任何试图代替犯罪嫌疑人去"重构案情"的做法都是危险的，也是违背律师执业纪律的。

技术辩护律师初次会见，还要完成一些善后手续。家属签名并按指模的授权委托书，按照惯例应该让犯罪嫌疑人补签名并按指模，律师的会见笔录也应该让犯罪嫌疑人在上面签名并按指模。这些行为不仅表明律师的专业性，而且是征询犯罪嫌疑人的意见——其是否委托本律师，并让犯罪嫌疑人确认他向律师做出的陈述与律师的记录一致。

技术辩护律师对于那些犯罪嫌疑人可能翻供的案

件，一定要制作会见笔录。让犯罪嫌疑人确认是他们自己决定改变口供，而不是律师唆使他们翻供，这才能尽量避免律师被伤害。

初次会见时，犯罪嫌疑人极有可能问律师自己要不要认罪，此时律师不能做正面回答，只能帮他分析认罪会出现哪些结果，不认罪会出现哪些结果。技术辩护律师还要解释侦查阶段认罪的利弊，介绍在审查起诉阶段认罪甚至审判阶段认罪有哪些差异，让犯罪嫌疑人自行决定要不要认罪，不要轻易代替犯罪嫌疑人做出决定。

这些年我几乎一半的案件都是坚持无罪辩护。我把公务员犯罪（只要受到刑事处罚就会失去公职）、书香家庭犯罪（担心不良记录影响家庭成员）、明确喊冤的犯罪、认罪即重罪的犯罪归纳为无罪辩护的“刚性需求”。这些客观存在的无罪辩护需求，也是律师在初次会见犯罪嫌疑人时必须注意到的。

2017 年我办理了袁某等敲诈勒索 3700 余万元案件，当时“前任”辩护律师建议认罪退赃，说争取判缓刑。我接手后明确告知犯罪嫌疑人，敲诈勒索 50 万元以上就是 10 年有期徒刑起步，3700 余万元的敲诈勒索如何能够认罪退赃判缓刑？这其实就是要求无罪辩护，帮助犯罪嫌疑人挖掘不构成本罪的案件细节。

技术辩护律师第一次会见犯罪嫌疑人，其实也是由犯罪嫌疑人对律师进行判断选择，让犯罪嫌疑人清楚这位律师值得信任，进而确定案件的辩护策略与辩护方向。会见结束时，技术辩护律师应该留给犯罪嫌疑人思考的余地。例如，提出一些问题要求下次会见时得到合理解释，这才能为下一次会见做好铺垫。

第八讲 侦查约谈

许多律师认为完成了会见后，就是“坐等”案件送到检察院审查起诉，其实，此时律师还有大量的辩护工作。技术辩护律师不仅需要在接受委托后第一时间去看守所会见犯罪嫌疑人，而且要在完成会见后约谈侦查人员。

《中华人民共和国刑事诉讼法》(以下简称《刑事诉讼法》)第 34 条第 4 款规定：“辩护人接受犯罪嫌疑人、被告人委托后，应当及时告知办理案件的机关。”技术辩护约见办案人员交流意见，也是履行“告知办理案件的机关”法定义务。律师此行的任务是根据《刑事诉讼法》第 38 条的规定，向侦查机关了解犯罪嫌疑人涉嫌的罪名和案件有关情况，提出意见。侦查机关知道有律师介入案件，对犯罪嫌疑人也会较为重视，取证更加规范。

技术辩护律师可以事先通过电话与办案机关取得联系，约好时间向侦查人员当面提交委托手续并了解基本案情。技术辩护律师应亲自前往与办案人员交流，而不是让助手前往，这一则表明自己对案件的重视，二则从办案人员口中发掘案情需要经验积累与知识储备丰富的律师。侦查人员看到主办律师自己过来交流，可能也愿意透露更多的案情。

律师在办案机关面前切不可倨傲，即使您是名动江湖的律界奇才，也需要对办案人员表示必要的尊重。给予办案人员应有的尊重，既是个人素质的体现，也将对我们了解案情提供帮助。我曾办理山东宋某非法生产、买卖、运输1吨制毒物品案，完成会见后我立即让助理与办理案件的某公安分局取得联系以了解基本案情并反馈意见。我们按照约定时间赶到民警办公室后，我向办案机关口头表达了我们的法律意见，认为宋某不构成犯罪。一方面没有证据表明宋某知道或者应当知道这些化工原料可以制出毒品，另一方面也没有证据表明宋某知道或者应当知道这些化工原料会运输到海外去制出毒品；而且宋某只收取了正常的市场交易价格，没有牟取暴利，宋某运送原料也是采取正常托运，没有采取任何躲避检查的措施，显然本案只是一宗普通的化工原料交易。本案的化工原料后来才被列入国家管控名单，宋某当时不可能预见到这些化工原料会被运送到海外制出毒品，要知道国内还不具备从该化工原料中提炼该种毒品的技术手段。

办案民警听取了我的口头汇报，表示会认真研究本案是否存在无罪的可能性，但鉴于本案涉及的制毒物品数量特别巨大，而且是从国外通过海关“倒查”回来的案件，因此他们需要将本案移交检察院呈送逮捕。

侦查机关对于这些大案要案一般不会自作主张做出无罪释放的决定，按照惯例必然是提交给检察院决定是否批准逮捕。我提出会将今天的口头意见整理成书面材料，提交给侦查机关。办案民警则表示他们会把律师的书面意见按照法律程序一起呈送给检察院。我还要求办案民警在案件移交给检察院时及时告诉律师，这也方便律师向检察院提出法律意见。

真正要争取宋某无罪释放，需要把辩护工作的重点放在检察院。给予办案民警相应的尊重，双方态度友好，这可以便于我们沟通交流，了解对方的真实想法。但要说服办案机关接受律师辩护意见，靠的是律师的法律意见书以及全面收集案情、准确归纳要点、深入分析法律关系，律师的基本功在审前辩护阶段主要体现在文案功底上。我还要求助理定期与办案机关联系，查询案件何时进入检察院。与办案机关联系，也应保持友好态度。

技术辩护律师应当高度重视在会见犯罪嫌疑人后与侦查机关的及时沟通。这种沟通不仅是律师接受代理后履行告知办案机关的法定职责，而且是与办案人员面对面的交流。律师约谈办案人员，并不是简单地了解基本案情，而是向办案人员当面陈述自己的法律意见，提出本案可能不构成犯罪的重要理由，从而研究线索。

对于那些需要侦查机关调取无罪或者轻罪证据的案件，律师也可以利用这种当面交流的机会，向侦查人员直接提出来。律师的法律意见，需要书面呈送给把办案机关；而其他建议与意见甚至申请调查取证之类，可以口头向办案机关提出来。

律师不要把自己看成侦查机关的对立面，而要把自己当作侦查机关的帮助者。我们也是在帮助侦查机关有效查明事实，准确适用法律。千万不要小看基层办案民警，他们也许没有接受系统的法学教育，但他们有丰富的一线工作经验，懂得如何去实干。

询问案情时，我们需要具备诚恳的态度，全面陈述我们的各种疑问。在分析案情时，应把我们的看法坦诚相告，协助办案机关找准侦查方向，最大限度避免冤假错案。侦查机关此时需要用证据说服检察机关批准逮捕，律师则需要对这些证据，提出自己的不同意见。

对于那些可能无罪的案件，律师完全可以把自己看作侦查机关的法律助手，帮助他们收集相关的法律法规、指导意见甚至案例。律师与侦查机关在充分保障犯罪嫌疑人合法权益的基础上，可以精诚合作。

如果说影响较大的案件，特别是上级督办的案件，侦查机关难以自行决定无罪释放或者取保候审犯罪嫌疑人；那么影响不大的案件，则律师与办案人员见面的机会，就可能是争取犯罪嫌疑人走出看守所的关键。

早年我曾办理了湖南周某贩卖毒品案，就是会见后约见办案民警，当场决定释放周某。在此前会见周某时，我发现指认周某贩卖毒品的证据只有一名吸毒人员的供述，该吸毒人员所言的毒资 100 元钱现金属于种类物，周某的钱包中有好几张 100 元，没办法查明周某钱包中的 100 元是否为本案毒资，何况即使有该 100 元现金，都极有可能被周某花出去了。

我在与办案民警交流时就指出，本案高度依赖吸毒人员的言词证据，而指控周某贩卖毒品的言词证据属于孤证，只要周某矢口否认，则本案没办法查明贩卖毒品的真实性。吸毒人员说周某卖给他 100 元的毒品，周某说自己免费给对方吸食毒品，而且 100 元又是现金而不是微信转账，根本无法保证证据确实充分。办案民警听了我的意见后，询问律师有什么意见。

我建议办案民警当场释放周某并撤销案件，这也体现了办案机关坚持疑罪从无原则。如果公安机关目前不能直接释放周某，那么能不能给周某办理取保候审手续？办案民警表示可以办理取保候审，建议第二天律师带家属过来办理相关手续。

周某真的不构成犯罪吗？客观事实只有他自己知道，我们与办案民警都不清楚案发现场究竟发生了什么。吸毒人员有不少是侦查机关的线人，不能排除周某真的有贩卖毒品的行为，但现有证据不足以认定周某有贩卖行为，特别是 100 元毒资还是现金而不是微信转账，这就使得本案虽然蹊跷却只能存疑无罪。

律师与办案人员见面时切忌存在抵触心理，须知律师与办案机关只是分工不同，都是法治国家的建设者，都是全面依法治国的践行者。

我们需要通过有理有据的说服工作，支持办案机关全面审视现有证据的真实性与有效性，从而把可能存在的冤假错案消灭在萌芽状态。

第九讲 批捕辩护

技术辩护在审前辩护中有两次小高潮，一次是批捕辩护，另一次则是起诉辩护。

我曾对客户强调律师无罪辩护越早越好，举例说明，100 个被释放的当事人（犯罪嫌疑人、被告人），有 90 个是批准逮捕前释放的，有 9 个是审查起诉阶段释放的，只有 1 个是起诉到法院后释放的。因此，技术辩护律师要把无罪辩护的主战场，放在审前辩护，尤其不可忽视最核心的批捕前辩护。

根据《刑事诉讼法》第 88 条第 2 款的规定，人民检察院审查批准逮捕，可以询问证人等诉讼参与人，听取辩护律师的意见；辩护律师提出要求的，应当听取辩护律师的意见。这也就意味着只要辩护律师在人民检察院审查批准逮捕时提出要求，人民检察院就应当听取辩护律师的意见。

技术辩护律师的工作习惯是接受委托后立即办理会见，完成会见后立即约谈侦查人员。

一旦侦查机关不接受律师撤销案件或者取保候审的申请，则技术辩护律师应当立即做好向检察院提出辩护意见的准备。

这三个“立即”缺一不可，尤其是办理会见与向检察院提出辩护意见。律师须知自己向检察院提出辩护意见，不仅是自己的基本职责，也是作为辩护人的核心义务，毕竟 90% 被释放的当事人，都是在检察院批准逮捕前的黄金 37 天完成的。

技术辩护律师获悉案件呈送检察院批准逮捕后，就应该立即向检察院提交委托代理手续，并约见经办检察官。虽然律师的法律意见书可以通过案管中心交给经办检察官，但律师能够与经办检察官面对面交流更好，这种当面交流的效果，是纸质书面意见不能替代的。许多检察官对律师提出不批准逮捕的意见可能会产生抵触情绪，但见到律师后却很容易被律师的专业素养、敬业精神甚至诚意所打动，愿意做出更灵活的强制措施。面对面交流，多了一种人性化的沟通渠道。

技术辩护律师与经办检察官见面，一定要注意两点，即语言要客气，态度要坚决。语言客气，是指律师对检察官要保持行业上的尊重。即使自己是知名律师，即使对方是没有太多工作经验的年轻人，律师也应该用自己的尊重来体现自己的素养，我们不是尊重某一个人，而是尊重他的行业。态度坚决则是指对于那些有无罪辩护空间的案件，律师需要据理力争，不能因为客气就软化立场。

律师是通过他们的业务能力与责任担当赢得办案机关的尊重的。关键时刻立场不坚定，不仅会让当事人与家属不满，也会让办案机关失望。都是高手才能惺惺相惜，如同曹操对刘备所言，“天下英雄，唯使君与操耳”。

技术辩护律师应当高度重视批准逮捕阶段无罪辩护的战略性意义，须知批准逮捕不只是简单的延长羁押期的强制措施，还是错案责任从侦查机关转移到检察机关的关键节点。《国家赔偿法》第 21 条第 3 款规定：“对公民采取逮捕措施后决定撤销案件、不起诉或者判决宣告无罪的，作出逮捕决定的机关为赔偿义务机关。”这说明检察院只要批准逮捕了，则侦查机关不再需要承担“错案”的任何责任，检察院若不能保证法院做出有罪判决则需要承担“错案”责任。此时律师向检察院提交不批准逮捕法律意见书，既是帮助犯罪嫌疑人免受冤屈，也是帮助检察院将证据不足的“疑似冤假错案”挡在过错责任的大门之外。站在将冤假错案消灭在批准逮捕之前的立场上，律师与检察院之间有着共同的努力方向与目标。

我办理过一起职务侵占案件。受害人认为张某与其合伙人在海边经营海鲜养殖时，利用职务便利侵占了公司 40 万元的财产。我与助手会见了张某，了解了犯罪嫌疑人的陈述，又向公安机关了解了基本案情。我们很快发现，本案中双方合作经营海鲜养殖，并没有另行成立养殖公司，而是根据一纸合作协议书组织经营。按照惯例，经营款项先进入张某在该县开通的银行个人账户，然后双方定期结算，并在扣除各项开支后分配净利润。我认为现有证据不足以表明张某有非法占有他人财产的目的，张某的行为属于正常经营活动中的“收款未结算”行为，本案完全符合经济纠纷的基本特征。受害人完全可以要求张某及时结算，并通过正常的民事途径向法院主张权利。

公安机关没有接受律师的无罪辩护意见，而是将本案呈报检察院批准逮捕。我们立即约见了本案的经办检察官，向其提交了张某不构成犯罪的法律意见书。我们认为本案属于普通的经济纠纷，不应该当作刑事犯罪来处理。我们在意见书中提出，职务侵占罪需要同时满足4个构成要件，即“公司、企业或者其他单位的人员”“利用职务上的便利”“将本单位财物非法占为己有”“数额较大”。本案中张某与受害人属于合作经营，张某只是收到合作款项后没有及时结算，既没有将这些款项据为己有，也没有将这些款项挪作他用或者转移藏匿，显然不符合“将本单位财物非法占为己有”的法律规定。只要张某承认两人之间没有结算，受害人也认为没有结算，那么这笔40万元的款项就属于“待处理”状态。我国法律并不认为商业款项“待处理”就属于职务侵占，我国法律更不认为收到款项后“未结算”属于犯罪行为。

我们还在法律意见书中建议检察院办理本案时，不仅要注意法律效果，严格遵守罪刑法定原则，而且要注意社会效果，充分保障双方的合法利益，避免经济纠纷刑事化处理，引导民间纠纷的合理化处理。一旦正常民事纠纷变成刑事案件处理，很容易鼓励一些人把民事纠纷通过向公安机关报案的方式来处理，不仅挤占了办案机关紧张的司法资源，而且容易导致正常经济行为受到公权力的强行干涉，进而影响民商经济的健康发展。检察院最终作出不批准逮捕的决定，张某终于在黄金37天内被释放出来。

技术辩护律师在约见经办检察官时，需要提交一份法律意见书。我的习惯是准备两份，一份通过案管中心流转给经办检察官，另一份则在与经办检察官见面时当场提交。

律师应高度重视这份法律意见书，这其实就是案件定性有罪还是无罪的庭审预演。律师不需要证明犯罪嫌疑人清白，只需要提出一系列难以补正的证据漏洞。这份法律意见书分量极重，它直接奠定了此后几份法律意见书的基调。

许多人认为律师最重要的是“口才”，其实比“口才”更重要的是“文才”，这是说服办案机关的重要手段。技术辩护律师也会注意积累人脉资源，但这种人脉资源只是便利律师与办案机关沟通，而不能替代法律意见书的

“说理”。

2020年，我办理湖北陈某从深圳向惠州运输沙土污染环境案，在与检察官约见面谈过程中，我提出5点意见：(1)陈某从深圳运出沙土有相应的手续，沙土不属于污染物；(2)陈某把沙土运到惠州回填有相应的手续，没有检测出污染物；(3)陈某收取正常运输费用且没有采取任何躲避检查的方式，说明陈某没有犯罪故意更没有以非法占有为目的；(4)陈某运输的沙土没有黑土与臭土说明肉眼不足以发现所运输的沙土存在违规或违法行为；(5)陈某倾倒沙土的现场监督与检测没有发现任何污染元素，说明现场即使发现了污染物也不能证实与陈某有关。

检察官听完我的陈述，表示若此番陈述内容与侦查机关收集的证据一致，则本案应当不需要批准逮捕。之后，该检察官依法汇报了该情况，检察院最终作出了不批准逮捕的决定，陈某终于被释放。

律师向检察机关当面陈述，其实就是确定案件要点，提醒检察机关本案达不到批准逮捕条件。律师向检察机关提交的书面意见，则是一篇“小论文”，全面阐述本案构成犯罪所缺失的基本要素，从而有理有据说服检察机关接受律师的辩护意见。许多案件并不复杂，律师口头陈述就可能让检察官意识到本案不构成犯罪。因此，我们需要与办案机关多一些沟通与交流。

第十讲 | 再次会见

技术辩护的无罪辩护的第一场“硬仗”，就是批准逮捕阶段的辩护。如果这次没有无罪拦截成功，那就说明侦查机关有初步证据足以证实犯罪嫌疑人有重大嫌疑，本案 90% 的情况下会成为有罪案件。批准逮捕后，律师需要再次会见犯罪嫌疑人，一则安抚人心，二则商量长期“作战”的技术要领。

犯罪嫌疑人被批准逮捕是个“分水岭”，90% 的人被释放出来是在黄金 37 天，这也意味着批准逮捕后能够释放出来的人是此前的 1/9，再乘以我国 12% 左右的释放率，这意味着 100 个人被批准逮捕只有 1.2 个人能够被释放，其中还有那些历时多年再审改判无罪的幸运者。这也是张明楷教授不赞成律师做无罪辩护的原因之所在，大数据显示“批准逮捕即有罪”，例外只有 1.2% 左右。批准逮捕后律师应该及时安排会见犯罪嫌疑人，双方需要直面客观现实。

技术辩护律师此时见到犯罪嫌疑人，第一件事就是告诉他自己完成了约见侦查人员、提交法律意见书、约见检察人员等辩护工作，并解释检察机关批准逮捕的理由之所在，从而让犯罪嫌疑人明白自己现在的处境。

之所以前文提到技术辩护律师不承诺辩护效果，就是因为许多家属就是带着无罪释放或者取保候审的目的来找律师的；不能因为犯罪嫌疑人被批准逮捕而误以为律师没有尽职尽责，而应该认识到这说明犯罪嫌疑人真的有罪。律师既要去努力争取不羁押、不起诉、撤回起诉、免于刑事处罚、缓刑甚至“关多久判多久”的机会，又要避免家属对律师抱有不切实际的期望。

技术辩护律师只能告诉家属，自己每年都有哪些经典案例争取到无罪释放或者改变罪名轻判，但不可能预先知道哪个案件会无罪释放或者改变罪名轻判。律师在阅卷之前的分析判断，高度依赖犯罪嫌疑人的陈述与办案人员的告知，这就有可能因为犯罪嫌疑人陈述不完整，造成律师判断不准确。除非是单人单案，否则即使是犯罪嫌疑人也难以了解完整的案情，律师当然也不能做出精确分析，只能根据办案经验符合逻辑地去推演。

我的主攻方向是无罪辩护，但这并非我能够把“有罪”辩成“无罪”，而是能够在第一次会见犯罪嫌疑人时就能大概率判断该案件有没有无罪辩护空间。

有律师认为辩护空间客观存在，能否发现就因人而异。我将这句话的意思理解为，你不能感知案件的辩护空间，则该案件的辩护空间对你不存在。即使律师能够“感知”案件存在无罪辩护空间，他也只能通过尽职辩护努力争取不批准逮捕或者不起诉乃至撤回起诉、无罪判决，而不可能保证出现无罪结果。

曾有律师对我讲述，他们办理的赌博案件批准逮捕了，家属颇有怨言。我说你们需要在签署合同时预先告知对方本案的风险，而且一定不能保证案件会出现无罪释放的结果，否则家属对你们希望越大，失望也就越大。犯罪嫌疑人被批准逮捕了，说明侦查机关现有证据足以说服检察机关本案需要继续侦查，甚至采取非羁押方式不足以保证案件侦查的有序性，此时更需要家属支持律师深入辩护。

我经常在犯罪嫌疑人被批准逮捕后告诉家属，本案不属于能够速战速决的简单案件，而是需要持久作战的复杂案件。结合此前我告知家属案件的走向问题，也是让他们清楚律师的价值并不是“赌”检察院不批准逮捕，而是为犯罪嫌疑人无罪或轻罪辩护做准备。犯罪嫌疑人有没有罪不取决于律师是否辩护他无罪，也不取决于检察机关是否批准逮捕甚至移送法院起诉，而取决于侦查机关收集的证据是否足以证实他有罪。律师此时工作任务是避免犯罪嫌疑人被冤屈，而不是颠倒黑白。

犯罪嫌疑人被批准逮捕后，其心理反应分为 3 种情况。那些认为自己无辜的犯罪嫌疑人，开始陷入恐慌，担心自己会最终被定罪，需要律师安抚情绪。那些知道自己有罪但心存侥幸的犯罪嫌疑人，开始犹豫要不要认罪，需要律师帮他分析是否认罪。那些知道自己有罪而且没有任何侥幸可能性的犯罪嫌疑人，反倒心情平静下来了，需要与律师商量后期的辩护工作。

那些家属指责律师不该没有争取到检察院“不批准逮捕”时，如果是第一种情况还有一定道理，他们是把对办案机关的不满发泄给律师，律师需要耐心做出解释并提出下一阶段工作计划。如果是后面两种情况，那就可能是律师收取了高额律师费用，且对家属做了不合适的承诺，此时，律师需要反思自己办案模式。

我办理的绝大部分案件，都是犯罪嫌疑人批准逮捕后才找我接办的。太多的家属习惯先找熟人去周旋，直到批准逮捕才想起找专业律师辩护。这时批准逮捕后的再次会见，对我的许多案件而言属于初次会见。

如果在批准逮捕前就委托我，这次会见的主要任务就是帮犯罪嫌疑人分析检察院批准逮捕的原因在哪里，然后共同寻找案件继续无罪辩护或者轻罪辩护的突破口在哪里。这些年的服务对象大多是有无罪辩护“刚性需求”的客户，我经常要在批准逮捕后向犯罪嫌疑人明确继续努力的方向。

我曾办理了一宗安徽张某诈骗案，他的家属告诉我张某没有诈骗，我在看守所会见时，张某也告诉我他没有诈骗，甚至案发时他还在江苏无锡没有来广东中山。我去公安机关了解情况，则被告知监控视频拍摄到了张某取款，鉴定部门认为张某与数据库中该取款人比对相似度为 99.99%。鉴于张某对此有罪指控矢口否认，而且受害人对犯罪嫌疑人的描述与张某也不完全一致，我一直坚持无罪辩护，认为单凭张某照片与案发现场视频截屏照片比对高度吻合也不能证明张某是犯罪嫌疑人，公安机关需要证明张某来到了案发现场，但公安机关不接受律师的无罪辩护意见，检察院也不接受律师提出的质疑，甚至认为数据库的比对可以作为关键证据使用。

张某被批准逮捕后，无论是公安机关还是他的家属，都认为张某真的构成犯罪，只有张某坚持认为自己是无辜的。既然张某一再强调自己是无辜的，案发时也没有来中山市，我就向公安机关提出申请，要求调取案发前后张某的微信记录特别是朋友圈记录，还要调取案发前后张某的高速公路卡口视频、移动通信轨迹、开房记录，以便确定张某在案发时的具体位置。

一旦确定张某案发时不在中山而是在外地，显然现场视频记录的就不是张某。我还告诉张某，仅凭数据库比对照片，最多只能说明张某来到了案发现场，但不能证明张某有诈骗行为。鉴定部门认为相似度比对为 99.99%，也说明有误差，不能达到 100%，不能排除视频中的人与张某只是外观长得像而实际上分属不同的人。

这个案件在侦查阶段拖延较久，最终张某很幸运地遇上了“真凶落网”，这才洗刷了清白。我办理了这么多案件，这还是第一次批准逮捕后无罪释放。侦查机关后来对律师坚持无罪辩护也很认可，如果没有律师不断提出异议，公安机关可能早就把案件移送检察院审查起诉了，不会花那么大的精力去扩大侦查范围直到发现“真凶”。

批准逮捕的案件，律师往往需要做轻罪辩护的准备，除非犯罪嫌疑人坚持认为自己“无辜”，或者律师发现确实存在无罪辩护空间。虽然批准逮捕的案件近 90% 都是有罪判决，但律师还是要尽最大的可能去挖掘无罪辩护空间，争取不起诉或者获得无罪判决。

批准逮捕后的会见，需要明确案件的复杂性与有罪指控的证据充足性，律师需要犯罪嫌疑人配合后一个阶段的辩护。如果是无罪辩护，则需要帮助犯罪嫌疑人鼓起勇气，相信只要是冤假错案必然存在漏洞。如果是轻罪辩护，则需要犯罪嫌疑人丢掉幻想，直面现实，任何侥幸心理都不能有，不要低估办案机关的专业素养，更不要高估律师“大逆转”的能力。要知道律师的一切辩护，都是建立在证据之上的。

技术辩护律师在这次会见中，需要帮助犯罪嫌疑人下定决心，认清自己的现实处境。律师切忌把批准逮捕的责任推给办案机关甚至推给受害人，此时的任何情绪化处理，都无助于此后的辩护。既然批准逮捕已经无可改变，那就接受现实，从这里开始辩护。

最重要的是，律师要有清醒的认识，我们是帮助犯罪嫌疑人免受冤屈，而不是帮助犯罪嫌疑人逃脱罪责。既然犯罪嫌疑人难以避免批准逮捕的情形，那就需要犯罪嫌疑人向辩护律师提供更多的无罪或轻罪线索，积极自救。

第十一讲 | 取保候审

取保候审在欧美国家叫作“保释”，是指侦查、起诉和审判机关在刑事诉讼过程中，对被刑事追诉而又未被刑事羁押之人，为防止其逃避侦查、起诉和审判，责令其提供保证人或交纳保证金，并出具保证书，以保证随传随到的一种刑事强制措施。取保候审也是一种刑事强制措施，只是不像逮捕那样需要羁押在看守所，也不像监视居住那样必须停留在指定区域。

我国《刑事诉讼法》第 67 条规定“人民法院、人民检察院和公安机关对有下列情形之一的犯罪嫌疑人、被告人，可以取保候审”，即“可能判处管制、拘役或者独立适用附加刑的”“可能判处有期徒刑以上刑罚，采取取保候审不致发生社会危险性的”“患有严重疾病、生活不能自理，怀孕或者正在哺乳自己婴儿的妇女，采取取保候审不致发生社会危险性的”“羁押期限届满，案件尚未办结，需要采取取保候审的”。

我国对取保候审采取的是自由裁量的审批制度，而不是羁束裁量的核准制度，法律上用的是“可以”取保候审而不是“应当”取保候审。这就使得律师辩护争取取保候审，带有一定的随意性甚至包含运气成分，除非通过无罪辩护来迫使办案机关主动办理取保候审。

2020年2月27日，广州的廖莘律师做了取保候审的专题法律讲座，我作为点评嘉宾参与了交流。廖莘律师认为如果存在取保候审的机会，律师应当努力争取，能够暂时恢复犯罪嫌疑人的自由也是律师的辩护成果。我赞同廖莘律师的这种看法，律师应当把取保候审作为有效辩护的目标之一，能够避免被羁押也是保障犯罪嫌疑人的合法权益。不过，我认为技术辩护律师应当把检察院因为事实不清证据不足而作出的不批准逮捕、不起诉等决定，作为辩护“主目标”。取保候审并不能终止甚至中止案件进程，它只是技术辩护的“次目标”。事实不清证据不足，才是技术辩护的“大方向”。

一些律师喜欢用取保候审作为噱头收取高额费用。我对此持保留意见，我甚至认为这种方式与技术辩护的理念背道而驰，甚至容易陷入为了能够取保候审而不择手段的陷阱。

“一有适当的利润，资本就会非常胆壮起来；只要有10%的利润，它就会到处被人使用；有20%，就会活泼起来；有 50%，就会引起积极的冒险；有 100%，就会使人不顾一切法律；有 300%，就会使人不怕犯罪，甚至不怕绞首的危险。”一旦取保候审变成暴利，那么没有利益交换的取保候审就会变得无比艰难甚至被猜疑，这也是公安机关越来越不愿意接受律师取保候审申请，而是把能够取保候审的决定权交给检察院的原因之所在。

技术辩护律师的取保候审，采取的是“间接路线”。律师向侦查机关或者批准逮捕机关提出“事实不清证据不足”的法律意见书，一旦被接受则至少能争取取保候审。如果犯罪嫌疑人被批准逮捕，则律师可以向检察院提出羁押必要性审查申请，通过检察院变更强制措施的方式促成取保候审。技术辩护律师应当堂堂正正用事实和理由说服办案机关，这才是可取之道。

我与胡永升律师办理过湖北康某寻衅滋事案件，我们发现康某在案发现场醉酒后人事不知，根本不清楚因为他被对方推搡而引发寻衅滋事犯罪。康某只是这场寻衅滋事犯罪的“诱因”，他醉酒显然不构成犯罪，他的醉酒引起双方冲突升格为刑事犯罪也与他无关。

我们向公安机关提出没有证据证明康某有参与寻衅滋事，建议撤案，但公安机关还是把案件提交给检察院。这样的案件当然不可能被批准逮捕，后来，康某无须办理取保候审手续直接被无罪释放。

《刑事诉讼法》第 90 条规定：“人民检察院对于公安

机关提请批准逮捕的案件进行审查后，应当根据情况分别作出批准逮捕或者不批准逮捕的决定。对于批准逮捕的决定，公安机关应当立即执行，并且将执行情况及时通知人民检察院。对于不批准逮捕的，人民检察院应当说明理由，需要补充侦查的，应当同时通知公安机关。"《刑事诉讼法》第 91 条第 3 款规定："人民检察院应当自接到公安机关提请批准逮捕书后的七日以内，作出批准逮捕或者不批准逮捕的决定。人民检察院不批准逮捕的，公安机关应当在接到通知后立即释放，并且将执行情况及时通知人民检察院。对于需要继续侦查，并且符合取保候审、监视居住条件的，依法取保候审或者监视居住。"这说明只要律师争取到不批准逮捕，则必然是无罪释放；即使需要补充侦查，也是采取取保候审或者监视居住措施。技术辩护律师要求无罪释放，经常会演变成取保候审。

如果技术辩护律师直接要求取保候审，则很难被支持，能否取保候审，是辩护律师申请办案机关受理该请求；而不批准逮捕后能够取保候审，则是办案机关主动为之。须知取保候审属于办案机关的自由裁量权审批，而批准逮捕审查则属于办案机关的羁束裁量核准。因此，辩护律师在"能否批准逮捕"的判断上，有更大的发言权。

即使当事人（犯罪嫌疑人、被告人）已经被逮捕，技术辩护律师也可以将取保候审作为“次要目标”，通过间接路线不断推进。《刑事诉讼法》第 95 条规定：“犯罪嫌疑人、被告人被逮捕后，人民检察院仍应当对羁押的必要性进行审查。对不需要继续羁押的，应当建议予以释放或者变更强制措施。有关机关应当在十日以内将处理情况通知人民检察院。”这也说明当事人被逮捕，并不意味着取保候审的终结，而是一个羁押必要性审查阶段的到来，这也是勾兑辩护律师甚至红顶辩护律师鞭长莫及之处，专属于技术辩护律师的业务范围。

最高人民检察院《人民检察院办理羁押必要性审查案件规定（试行）》第 17 条规定了人民检察院“应当向办案机关提出释放或者变更强制措施的建议”的 4 种情形，即“案件证据发生重大变化，没有证据证明有犯罪事实或者犯罪行为系犯罪嫌疑人、被告人所为的”“案件事实或者情节发生变化，犯罪嫌疑人、被告人可能被判处拘役、管制、独立适用附加刑、免予刑事处罚或者判决无罪的”“继续羁押犯罪嫌疑人、被告人，羁押期限将超过依法可能判处的刑期的”“案件事实基本查清，证据已经收集固定，符合取保候审或者监视居住条件的”。技术辩护律师可以从上述 4 个方面开展辩护工作，从而因为“案件证据发生重大变化”“案件事实或者情节发生变化”要求变更强制措施乃至释放。至于因为“超期羁押”等要求变更强制措施或者因为“案件事实基本查清”要求变更强制措施，则是技术辩护律师补充性的辩护区域。针对羁押必要性审查，技术辩护律师的“筹码”是当事人可能无罪或者没有“危险性”。鉴于“危险性”存在难以细化的困难，律师辩护的着力点更多用在可能无罪方面。

当事人被逮捕后取保候审的概率不大，甚至有些律师认为只要批准逮捕了基本难以取保候审。在实践中批准逮捕后取保候审的情况，甚至比释放的情况还要少，这也说明释放才属于律师辩护的“技术问题”，取保候审更多是律师辩护的“艺术问题”。既然是“艺术问题”，也就存在因人而异的主观因素，因此，难以作为技术辩护的服务范围；即使出现了“取保候审”的结果，那可能只是巧合。

2018 年，我办理了湖南洪某运输毒品 2.9 公斤二审案，我们申请无罪上诉后，省高级人民法院以“事实不清证据不足”发回重审。《刑事诉讼法》第 97 条规定：“犯罪嫌疑人、被告人及其法定代理人、近亲属或者辩护人有权申请变更强制措施。人民法院、人民检察院和公安机关收到申请后，应当在三日以内作出决定；不同意变更强制措施的，应当告知申请人，并说明不同意的理由。”我们据此向法院提出变更强制措施的申请，不久，法院通知我们办理取保候审手续。这也是法院要做出无罪判决的信号，否则没有必要变更强制措施。

技术辩护律师眼中的取保候审，只是不批准逮捕的

“副产品”，或者是羁押必要性审查与变更强制措施的结果，并非律师辩护的“主要目标”。律师在条件许可的情况下，当然不能放松取保候审，但核心辩护用在能够“中止”甚至“终止”案件进程的辩护效果上。技术辩护律师不需要计算每年有多少取保候审来证实自己的业绩，他们的业绩是每年办理了多少不批准逮捕、不起诉甚至撤回起诉案件，是多少无罪判决、改变罪名轻判、免于刑事处罚以及“关多久判多久”。

取保候审应该是办案机关在律师技术辩护下“必须”做出的，这才有辩护实效。

第十二讲 法律意见

技术辩护有个突出的特点，那就是频繁提交法律意见。这也说明做技术辩护有个基础性要求，那就是“文笔好”。我一直强调技术辩护律师要从文案律师做起，就是因为写好文章是成为合格技术辩护律师的第一要招。

技术辩护律师撰写的法律意见书用途广泛，从侦查机关到检察机关甚至法院，都可以通过这种书面方式增强说服力，而且办案机关也习惯把律师的法律意见书存档。律师通过法律意见书的方式与办案机关沟通交流，这是技术辩护的核心手段。这也说明律师可以与办案机关通过文字方式摆事实讲道理。

外行人对律师的第一印象是“口才好”，其实律师的文才比口才更重要。再好的口才若不能形成文字，如何让办案人员向上级领导汇报？有一纸法律意见书，不仅可以避免自己表述不完整存在疏漏，还可以让办案人员一目了然。

律师的法律意见书要有标题，最好是一句话揭示整篇法律意见书的主旨。那些无罪辩护的法律意见书，可以写成“某某不构成犯罪法律意见书”。如果是改变定性的辩护，则可以写成“某某不构成某某罪法律意见书”。如果不做无罪辩护，则可以写成“关于某某涉嫌某某罪的法律意见书”。

法律意见书是律师向顾问单位等机构出示的法律文书，而在技术辩护中我们完全可以把办案机关看成我们的顾问单位。我们用自己的专业知识，帮办案机关归纳案情、法律分析，最后提出相应的意见或者建议。

法律意见书的格式可以多种多样，但下列 7 个基本内容不可缺失。第一，要说清楚受谁委托，表明自己的合法身份。第二，要说清楚材料来源，究竟是犯罪嫌疑人陈述还是家属介绍，或者办案机关介绍，甚至律师自己的调查取证。第三，要归纳基本案情，这是律师法律意见书的分析依据，也是引导办案机关用法律人的思维看待问题的关键。第四，要依据法律规定做出专业分析，好的意见不仅是为犯罪嫌疑人申辩，也是帮助办案机关准确直观理解律师的法律逻辑。第五，要提出本案的重点与疑点，这也是罪名是否成立的基本要素。第六，要提出建议或者意见，明确无罪或轻罪的建议，并且让办案机关觉得你是站在证据是否充分的基础上提出的建议。第七，附上相关的法律文件、参考案例，减轻办案机关收集法律文件资料的负担。侦查阶段律师法律意见书最大的“亮点”就是提出本案的重点与疑点，一旦办案机关发现自己无法回答律师的疑问，这个案件基本上就要发生逆转。

技术辩护律师到了审查起诉阶段可以阅卷，此时更多是充实、丰富侦查阶段法律意见书的第二部分，并在此基础上对整个法律意见书修改完善。发现有效辩护空间的法律意见书，也可以帮助办案机关避免冤假错案发生。

法律意见书不要求太长，实用性法律意见书不超过20页为好，10页左右较佳，让办案人员有兴趣和耐心“读下去”。“文笔好”是技术辩护律师的标准配置，这才能使得律师撰写的法律意见书具有“可读性”。能够吸引办案人员读完法律意见书，这就已经迈开了有效辩护的关键一步。

我曾办理河南张某非法拘禁致人死亡案，该案从侦查阶段到审判阶段提交的法律意见书都有10次以上。我们接受委托后，立即与搭档李敏律师一起去看守所会见。张某告诉律师，说她真的很冤枉，她被中专时期的班长骗入某传销组织，后来在班长的指使下把同学即受害人喻某骗入传销组织，但喻某是在他人看守时坠楼死亡，她的死跟自己真的没关系。我随后约见了办案民警，民警认为张某明知传销组织必然限制人身自由，还把喻某骗入传销组织，就是传销组织非法拘禁喻某的帮凶，因此本案非法拘禁致人死亡没有问题。第一次与侦查人员见面，我的习惯都是作为倾听者，尽量了解侦查机关的意见，不争辩不争论。

我在提交给侦查机关的第一份法律意见书中明确，张某自己也是传销组织的受害者，她把受害人即同学喻某骗入传销组织，只是简单的发展下线行为，该行为与此后发生的非法拘禁喻某的行为没有刑法上的必然联系。张某不可能预见到喻某被骗入传销组织后会被非法拘禁，更不可能预见到喻某会在非法拘禁中坠楼死亡，张某只能对自己发展下线的行为负责，喻某被非法拘禁甚至坠楼死亡，应当由该非法拘禁的指使者、拘禁者负责。只要没有证据证明张某参与了非法拘禁喻某的行为，则张某对该非法拘禁行为就不承担刑事上的法律责任。

公安机关明确表示会把我的意见向上级汇报，此外还会把我们的意见附卷存档。检察院批准逮捕时，我提交了第二份法律意见书，认为现有证据不足以证明张某参与了非法拘禁，因此，张某无须对喻某非法拘禁死亡负责，张某只需要对自己发展喻某为传销下线的行为负责。

检察院查阅法律意见书后依旧表示张某构成犯罪，而至于构成非法拘禁罪还是构成其他罪，则需要讨论后决定。这也说明检察机关意识到本案中用非法拘禁罪不妥，于是我在随后的第三份法律意见书中补充认为张某既不构成非法拘禁罪，也不构成过失致人死亡罪，也不构成组织领导传销活动罪。最后，检察院以组织领导传销活动罪批准逮捕。

我与搭档李敏律师商量说，这个案件要检察院接受张某不构成犯罪太难，李律师也认为如此。所以本案检察院最终认为不构成非法拘禁致人死亡，而是按照组织领导传销活动罪来批准逮捕，这已经说明我们律师的无罪辩护起到了作用。

批准逮捕后，我向侦查机关提交两次法律意见书，还提交了调查申请书，建议侦查机关调查喻某进入传销组织后与哪些人有过接触，调查喻某坠楼前与哪些人有过接触，调查张某在传销组织中有过哪些行为且接触过哪些人，张某发展了多少下线，是否属于该传销组织的组织者或者领导者。

虽然该案还是以组织领导传销活动罪起诉至法院，但律师在侦查阶段的一系列辩护工作，直接为后来的庭审辩护乃至促成刑事和解奠定了基础。对于复杂案情的技术辩护需要阅卷后才能知己知彼；对于单人单案案情简单的案件，见到犯罪嫌疑人并与办案人员面谈，律师就已经熟悉了案件。

技术辩护一定程度上就是法律意见辩护，辩护律师通过法律意见书与办案机关进行有效沟通，最终完成说服任务。辩护律师不是办案者，但他们是办案的全程“观察者”。他们根据法律规定向办案机关提出自己有理有据的观察意见，既是帮助办案机关提高办案质量，督促办案机关注意收集证据的规范性与分析证据的逻辑性，也是充分保证犯罪嫌疑人的合法权益得到尊重。

就个人观点而言，我认为办案人员都是法律人，而且都有专业素养，这就要求辩护律师从他们法律人本质与文化人本性出发，与他们展开建立在证据基础上的“法律对话”。

曾有一位律师朋友半开玩笑半认真对我说，同样是教师出身，为什么你遇到办案人员总是去说服他们，而我只能与他们对抗“逼着”他们走呢？我说“对话”的前提是双方“讲道理”。如果“讲道理”对话就能完成辩护任务，谁愿意去对抗？我们尊重办案人员，并让他们愿意跟我们“讲道理”，我们的技术辩护也就成功了一半。越是知名律师，对基层办案人员越要以礼相待，这样才能促使双方友好、平等地交流沟通。

律师的法律意见，不仅是律师说服办案机关的文书，更是律师自身素质特别是法律素质、文学素养甚至商务礼仪的集中体现。让办案机关愿意阅读我们的法律意见，让他们发现律师的法律意见客观上也是在帮助他们更好地办案，那么，律师本身也会得到尊重。

律师本质上也是文人，不可文人相轻，而要“以文会友”。

附录一

关于叶某雯不构成犯罪的法律意见书

广东省龙川县公安局:

受本案犯罪嫌疑人叶某雯亲属的委托,广东某律师事务所指派佘安平律师为其涉嫌故意伤害罪案件提供法律帮助。现根据被告人家属的授权,并遵照相关法律规定,向贵局出具本意见书,望贵局对本意见书内容予以高度重视。

一、基本案情

根据委托人叶某芳(嫌疑人妹妹)的讲述与嫌疑人叶某雯的介绍,以及现场目击证人叶某云提供的书面说明,基本可以查实以下案情:

1.2012年2月26日下午2时左右,嫌疑人叶某雯在自己家田里种植树苗,并请村民叶某云帮忙。看到天气较好,嫌疑人叶某雯就准备洒农药,为保证伤者叶某君的饮水安全,将叶某君家通过嫌疑人叶某雯田里的水管拔掉。

2. 嫌疑人叶某雯通过村委会并直接告知过伤者叶某君,要求其通过自家水田的饮水管要深埋，以免种田时洒农药施化肥影响伤者叶某君饮水安全。

3. 伤者叶某君得知自家水管被拔掉，手持钢丝钳冲到嫌疑人叶某雯的田里，一边指责叶某雯不该拔掉自家水管，一边还用钢丝钳捅伤叶某雯腹部。

4. 伤者叶某君与嫌疑人叶某雯争执中摔下六七十厘米高的田埂造成腿骨粉碎性骨折。

5. 嫌疑人介绍说是伤者叶某君失足摔下意外受伤，目击证人叶某云表示叶某君是自己摔下受伤。

二、法律分析

1. 伤者叶某君借用嫌疑人叶某雯的田地拉饮水管，属于行使相邻权（地役权），但不影响嫌疑人叶某雯正常农业经营。叶某雯出于安全考虑，在洒农药前将伤者叶某君饮水管拔掉，并无不当。

2. 伤者叶某君手持凶器（钢丝钳）闯入嫌疑人叶某雯的责任田，明显具有伤害他人的故意，其攻击性举措是挑起事端的直接原因。

3. 伤者叶某君用钢丝钳捅伤穿了厚实的冬装（两件毛衣，一件秋衣，一件衬衣）的嫌疑人叶某雯，已经构成对叶某雯生命健康权的侵害，叶某雯无论是进行避让还是进行防卫，都属于合理的私力救济行为。

4. 伤者叶某君摔下六七十厘米高的田埂造成受伤，既有可能是自身原因失足摔伤，也有可能是在嫌疑人抢夺凶器（钢丝钳）过程中摔伤。

5. 嫌疑人叶某雯认为是伤者叶某君失足摔伤，目击证人叶某云认为叶某君是自己摔倒受伤。因此，即使伤者叶某君认为是厮打过程中导致自己摔伤，也属于“孤证”。根据“孤证不得为证”“疑罪从无”等刑事原则，公安机关认定嫌疑人叶某雯故意伤害叶某君的罪名，也不应该成立。

6. 伤者叶某君系保安员出身，身体比嫌疑人叶某雯强壮，而且手持凶器（钢丝钳）。因此嫌疑人叶某雯推搡导致叶某君受伤的可能性不大。

7. 从跌下六七十厘米高的田埂造成一腿骨骨折来看，只可能是叶某君失足摔下受伤。只有在失足的情况下，出于人体自我救护本能的防护动作才没有及时起到作用，从而造成低矮田埂摔下造成粉碎性骨折的后果。

8. 叶某君受伤即使与叶某雯有关，手无寸铁的叶某雯也只需承担次要责任，叶某君自身手持凶器挑起事端需承担主要责任。

三、本案结论

1. 嫌疑人叶某雯与伤者叶某君之间的纠纷，属于普通民事纠纷而不属于刑事纠纷，因此公安机关以涉嫌故意伤害罪立案侦查明显不当。

2. 公安机关不能排除叶某君的受伤是由于失足摔伤，也不能证实叶某君受伤是由于叶某雯实施故意伤害造成的，因此贸然对嫌疑人叶某雯采取强制措施没有相应事实与法律依据。

3. 嫌疑人叶某雯明确可以出于人道主义，支付伤者叶某君实际发生医药费30%的份额，已经表明了妥善解决民间纠纷的最大诚意。公安机关以采取强制措施为由，逼迫嫌疑人叶某雯作出更大让步，超出了民间调解与综合维稳的职权范围。

四、律师意见

本案属于普通民间纠纷，在没有有效证据证明嫌疑人叶某雯有伤害他人故意且实施了故意行为的情况下，以刑事案由立案明显不当。叶某君摔伤无论是属于自身失足（意外事件），还是推搡中叶某君失手（过失伤害），抑或是叶某君手持凶器（钢丝钳）捅伤叶某雯导致其本能反应自我防卫，都不构成刑事犯罪。嫌疑人叶某雯出于人道愿意承担30%的实际发生医疗费用，已经是作为村干部对村民冲动行为的最大容忍。

本律师建议办案机关撤销刑事立案，并促成双方通过民事补偿方式妥善解决民间纠纷。

以上意见，供贵局参考。

广东某律师事务所

余安平律师

二○一二年四月三十日

（公安局将该意见提交给当地检察院，检察院作出了不予批准逮捕的决定）

附：余安平律师电话（略）

附录二

关于陈某涉嫌污染环境罪不予批准逮捕法律意见书

广东某律师事务所接受陈某家属的委托，指派我担任其涉嫌污染环境罪一案辩护律师。我会见了犯罪嫌疑人陈某，了解了基本案情，现提出法律意见如下：

陈某主观上不具有污染环境的犯罪故意。

《关于办理环境污染刑事案件有关问题座谈会纪要》第3条规定：“……判断行为人、被告人是否具有环境污染犯罪的故意，应当依据行为人、被告人的任职情况、职业经历、专业背景、培训经历、本人因同类行为受到行政处罚或者刑事追究情况以及污染物种类、污染方式、资金流向等证据，结合其供述，进行综合分析判断。”

实践中，具有下列情形之一，行为人、被告人不能作出合理解释的，可以认定其故意实施环境污染犯罪，但有证据证明确系不知情的除外：(1)企业没有依法通过环境影响评价，或者未依法取得排污许可证，排放污染物，或者已经通过环境影响评价并且防治污染设施验收合格后，擅自更改工艺流程、原辅材料，导致产生新的污染物质的；(2)不使用验收合格的防治污染设施或者不按规范要求使用的；(3)防治污染设施发生故障，发现后不及时排除，继续生产放任污染物排放的；(4)生态环境部门责令限制生产、停产整治或者予以行政处罚后，继续生产且放任污染物排放的；(5)将危险废物委托第三方处置，没有尽到查验经营许可的义务，或者委托处置费用明显低于市场价格或者处置成本的；(6)通过暗管、渗井、渗坑、裂隙、溶洞、灌注等逃避监管的方式排放污染物的；(7)通过篡改、伪造监测数据的方式排放污染物的；(8)其他足以认定的情形。

在本案中，陈某运输的沙土仅收取市场价格，属于正常运输费用，在整个运输、倾倒、处置沙土的过程中，陈某积极配合相关部门检查，从陈某的文化程度、从业经历来看，其根本不具有相应的工作经验和相应的专业知识判定沙土是否具有危险性、毒害性，且在具备第三方检验机构出具的检验报告称没有违禁元素存在，接受沙土的单位称不是黑泥、臭泥即可的情况下，无论陈某运输的沙土是否污染环境，其都不具有主观明知性。

陈某客观上没有实施污染环境的犯罪行为。

1. 陈某排放、倾倒、处置的废物不具有污染环境的危

险性的，不构成犯罪

最高人民法院、最高人民检察院、公安部、司法部、生态环境部《关于办理环境污染刑事案件有关问题座谈会纪要》第9条规定："……办理非法排放、倾倒、处置其他有害物质的案件，应当坚持主客观相一致原则，从行为人的主观恶性、污染行为恶劣程度、有害物质危险性毒害性等方面进行综合分析判断，准确认定其行为的社会危害性。实践中，常见的有害物质主要有：工业危险废物以外的其他工业固体废物；未经处理的生活垃圾；有害大气污染物、受控消耗臭氧层物质和有害水污染物；在利用和处置过程中必然产生有毒有害物质的其他物质；国务院生态环境保护主管部门会同国务院卫生主管部门公布的有毒有害污染物名录中的有关物质等。"如果行为人只是排放、倾倒、处置了废物，但是排放的废物不具有危险性，不属于上述有害物质的，不构成犯罪。

在本案中，陈某运输的沙土来源合法，该沙土系工地沙土，已经过有鉴定资格的第三方检验机构检验没有违禁元素存在，不具有污染环境的危险性、毒害性，不构成污染环境罪，其中相关合同与检测报告已经提交给了办案机关。另外，陈某运输沙土到某单位，接受沙土的单位明确要求不是黑泥、臭泥即可，而我方陈某提供了黄土、红土，符合相关规定。接受沙土的单位不仅现场检查监督，并开具了相关凭据，表明我们提供的沙土合规。

2. 陈某的排放行为没有造成环境严重污染,不构成犯罪

最高人民法院、最高人民检察院《关于办理环境污染刑事案件适用法律若干问题的解释》(以下简称《环境污染刑事案件解释》)第1条:“实施刑法第三百三十八条规定的行为,具有下列情形之一的,应当认定为‘严重污染环境’:(一)在饮用水水源一级保护区、自然保护区核心区排放、倾倒、处置有放射性的废物、含传染病病原体的废物、有毒物质的;(二)非法排放、倾倒、处置危险废物三吨以上的;(三)排放、倾倒、处置含铅、汞、镉、铬、砷、铊、锑的污染物,超过国家或者地方污染物排放标准三倍以上的;(四)排放、倾倒、处置含镍、铜、锌、银、钒、锰、钴的污染物,超过国家或者地方污染物排放标准十倍以上的;(五)通过暗管、渗井、渗坑、裂隙、溶洞、灌注等逃避监管的方式排放、倾倒、处置有放射性的废物、含传染病病原体的废物、有毒物质的;(六)二年内曾因违反国家规定,排放、倾倒、处置有放射性的废物、含传染病病原体的废物、有毒物质受过两次以上行政处罚,又实施前列行为的;(七)重点排污单位篡改、伪造自动监测数据或者干扰自动监测设施,排放化学需氧量、氨氮、二氧化硫、氮氧化物等污染物的;(八)违法减少防治污染设施运行支出一百万元以上的;(九)违法所得或者致使公私财产损失三十万元以上的;(十)造成生态环境严重损害的;

(十一)致使乡镇以上集中式饮用水水源取水中断十二小时以上的;(十二)致使基本农田、防护林地、特种用途林地五亩以上,其他农用地十亩以上,其他土地二十亩以上基本功能丧失或者遭受永久性破坏的;(十三)致使森林或者其他林木死亡五十立方米以上,或者幼树死亡二千五百株以上的;(十四)致使疏散、转移群众五千人以上的;(十五)致使三十人以上中毒的;(十六)致使三人以上轻伤、轻度残疾或者器官组织损伤导致一般功能障碍的;(十七)致使一人以上重伤、中度残疾或者器官组织损伤导致严重功能障碍的;(十八)其他严重污染环境的情形。"

《环境污染刑事案件解释》第 3 条:"实施刑法第三百三十八条、第三百三十九条规定的行为,具有下列情形之一的,应当认定为'后果特别严重':(一)致使县级以上城区集中式饮用水水源取水中断十二小时以上的;(二)非法排放、倾倒、处置危险废物一百吨以上的;(三)致使基本农田、防护林地、特种用途林地十五亩以上,其他农用地三十亩以上,其他土地六十亩以上基本功能丧失或者遭受永久性破坏的;(四)致使森林或者其他林木死亡一百五十立方米以上,或者幼树死亡七千五百株以上的;(五)致使公私财产损失一百万元以上的;(六)造成生态环境特别严重损害的;(七)致使疏散、转移群众一万五千人以上的;(八)致使一百人以上中毒的;(九)致使十人以上轻伤、轻度残疾或者器官组织损伤导致一般功能障碍的;(十)致使三人以上重伤、中度残疾或者器官组织损伤导致严重功能障碍的;(十一)致使一人以上重伤、中度残疾或者器官组织损伤导致严重功能障碍,并致使五人以上轻伤、轻度残疾或者器官组织损伤导致一般功能障碍的。(十二)致使一人以上死亡或者重度残疾的;(十三)其他后果特别严重的情形。”

根据《刑法》第338条及《刑法修正案(八)》第46条的规定,违反国家规定,排放、倾倒或者处置有放射性的废物、含传染病病原体的废物、有毒物质或者其他有害物质,严重污染环境的,处3年以下有期徒刑或者拘役,并处或者单处罚金;后果特别严重的,处3年以上7年以下有期徒刑,并处罚金。行为人实施的行为如果不符合《环境污染刑事案件解释》第1条“严重污染环境”的情形和第3条规定的“后果特别严重”的情形的,不构成污染环境罪。本案中陈某运输的沙土并未造成上述的“严重污染环境”的十八种情形,也不符合“后果特别严重”的十三种情形。陈某倾倒的沙土是工地沙土,不具危险性、毒害性,不含有化学需氧量、氨氮、二氧化硫、氮氧化物等污染物,并未造成生态环境严重损坏,也并未造成他人中毒、轻伤、轻度残疾、重度残疾或死亡等严重后果。因此,陈某的行为不构成污染环境罪,检察院理应不予批捕。

关于现场发现的垃圾，并非陈某倾倒，陈某没有排放、倾倒和处置该危险废物的行为的，不构成犯罪。

现场发现的垃圾并非陈某倾倒，陈某仅倾倒工地沙土，在倾倒沙土过程中有接受沙土单位的工作人员负责现场监督检查，该接受单位可证明在整个倾倒沙土的过程中陈某仅按照双方合同约定倾倒黄土、红土，并未在现场倾倒垃圾，对此接受单位也有出具收据予以证明。

3. 陈某不符合必须逮捕的条件

《刑事诉讼法》第 81 条第 1 款规定："对有证据证明有犯罪事实，可能判处徒刑以上刑罚的犯罪嫌疑人、被告人，采取取保候审尚不足以防止发生下列社会危险性的，应当予以逮捕：（一）可能实施新的犯罪的；（二）有危害国家安全、公共安全或者社会秩序的现实危险的；（三）可能毁灭、伪造证据，干扰证人作证或者串供的；（四）可能对被害人、举报人、控告人实施打击报复的；（五）企图自杀或者逃跑的。"陈某运输沙土的行为并不具有主观明知性，并非故意犯罪，并无危害国家安全、公共安全或者社会秩序的现实危险，因此陈某不符合上述必须批准逮捕条件的任何一款。

陈某缺乏必须逮捕的社会危害性，因此建议检察院对其不予批准逮捕，采取取保候审等措施并不妨碍公安机关的继续侦查。

综上所述，犯罪嫌疑人陈某客观方面没有实施污染环境的犯罪行为，主观上不具有污染环境的犯罪故意，且不符合必须逮捕的条件。因此，建议检察院查明事实后，依法作出不予批准逮捕的决定。

此致

某某县人民检察院

广东某律师事务所

余安平律师

二〇一九年八月十九日

（本案检察院以事实不清证据不足为由，未批准逮捕）

第三编

检察辩护

案件移送检察院，此时律师可以完整阅卷。

通过审前辩护拦截证据不足的案件进入审判程序，

通过“技术分析”完善辩护准备。

第十三讲 首次阅卷

案件已送到检察院以后，技术辩护律师第一件事就是联系检察院安排阅卷。

《刑事诉讼法》第40条规定："辩护律师自人民检察院对案件审查起诉之日起，可以查阅、摘抄、复制本案的案卷材料。其他辩护人经人民法院、人民检察院许可，也可以查阅、摘抄、复制上述材料。"因此，律师阅卷成为法定权利。目前经过律师协会与检察院沟通交流，检察院向律师提供刻录光盘的方式阅卷成为主流。技术辩护律师首次阅卷，并不是简单地把光盘资料打印下来，而是要做第一次完整阅读。

如果技术辩护律师是单打独斗，则他们需要全程单独完成作业，需要面面俱到。独立完成阅卷，需要做案卷摘要，这是把卷宗"读薄"的关键，也是此后把卷宗"读厚"的基础。

如果是带有文案律师阅卷的团队合作，则技术辩护律师首次阅卷，只需要浏览主要案卷资料即可，在可能无罪或轻罪的记录处标上记号。他们只需要找出辩点与辩护方向，后续工作可以交给文案律师来完成。

早年我作为文案律师，承担案件辅助的工作。我去法院把卷宗拍照拿回来，打印成两份，自己留一份，给出庭律师留一份。我一边阅卷，一边用电脑写案件摘要。讯问笔录与证人证言、受害人供述等言词证据，我会列明取证时间、取证地点、取证人、被取证人的主要陈述。我还会审核这些言词证据的收集是否符合法律规定，如果不符合法律规定则备注列明违反哪些规定。物证、书证、视听资料、电子证据，我则一边记录主要内容一边审核取证主体是否适格、取证程序是否合法，并初步判断是否存在逻辑错误。鉴定意见，我则要审核送检程序是否规范、检验主体是否适格、检验程序是否合法、检验结论是否合理。勘验、检查、辨认、侦查实验等笔录，我则在做摘要时首先查看是否完整，然后核对这些笔录是否规范，最后分析这些笔录对辩护有什么帮助。

做完了摘要，我就会写一份法律意见书初稿。我从案件摘要中归纳基本案情，查找案件的难点与疑点，做出法律分析，提出相应的法律意见。既然是文案律师，我要做的事就是制作文本资料，为出庭律师提供各种文字上的准备工作。我还会收集与本罪名相关的法律规定、司法解释以及裁判文书，甚至收集知名律师的辩护词、案例分析，并参考一些刑法学者的相关案件论述。2007年我就成为新浪博主，关注了大量知名律师博主，阅读他们的文章，寻找办案灵感。

刚执业初期，我把自己定位为文案律师与“操刀”律师。同事的案件可以都交给我“操刀”，我会把各种司法文书的副本交一份给那些案源丰富的资深律师。对我而言“有案子做”就是胜利，此时我需要的是积累实战经验。

完成了阅卷，我会把阅卷笔录打印出来，并把参考资料装订成册，与电子档一起送给出庭律师。即使是初次阅卷，我作为文案律师，也会把自己当作“操刀律师”，考虑如何与办案机关有效沟通，考虑如何方便办案人员阅读。

后来我成为出庭律师，初次阅卷我更多是观其大略，紧要处详细阅读。我只需要解决3个问题，即“本案有没有辩护空间”“本案关键证据是哪些”“本案的辩护方向与辩护方法是什么”。我要求文案律师按照我提出的辩护方向与辩护方法，去做案件摘要。现在的年轻人可以熟练使用各种抓图软件，通过关键词搜索找到那些“雷同”或者“不同”的卷宗记载，然后制作思维导图，帮助我熟悉案件关键证据各要素是否完备。

文案律师如同智囊团，他们需要随时回答疑问，并为辩护意见找到相应的证据支持。他们可以提醒出庭律师某些证据不足，但只要出庭律师做出新的解释，他们就应当按照出庭律师的解释重新找到证据支持。正是因为有文案律师的支持，出庭律师才能从繁重的文字工作中解放出来，集中精力寻找案件辩点与辩护方向。

2010 年我曾代理了马某破坏军事通信案，第一次阅卷基本就完成了开庭准备。我拍照后打印了全部卷宗，根据公安机关的起诉意见书注意审查是否有相关证据支持、这些证据是否符合来源合法性与取证规范性、这些证据是否能排除合理怀疑。在此过程中，我发现公安机关收集的证据不规范，甚至大量数据来源缺乏权威性。

我随即在阅卷摘要的备注中列明，最高人民法院《关于审理破坏公用电信设施刑事案件具体应用法律若干问题的解释》第 5 条规定："本解释中规定的公用电信设施的范围、用户数、通信中断和严重障碍的标准和时间长度，依据国家电信行业主管部门的有关规定确定。"本案中中国电信股份有限公司广东传送网络运营中心某某客户响应中心的证明，一方面没有附带任何国家电信行业主管部门规定的关于测算受损用户数的标准和计算方法的说明，另一方面没有提供该响应中心有资质出具公用电信设施受到损害测算结果的证书或相关文件，不能证明某某客户响应中心的统计数据具有合法性和权威性。

指控马某造成通信中断 2 小时左右，不仅没有提交相应的证据资料，更没有提供任何国家电信行业主管部门规定的关于通信中断和严重障碍时间长度测算标准和计算方法的说明。指控马某损坏军事通信，只有中国人民解放军某某部队某某分队提供的《光缆损失证明》。一方面该证明所计算的赔偿费计算方法即《邮电部关于损坏通信线路赔偿损失的规定》已被中华人民共和国工业和信息化部令第4号于2009年3月1日废除，另一方面该数据没有价格鉴定机构出具的鉴定意见，所以该光缆损失无法确定。《电力设施保护条例实施细则》第14条规定："超过4米高度的车辆或机械通过架空电力线路时，必须采取安全措施，并经县级以上的电力管理部门批准。"这说明架空电力线路包括光缆高度应当不低于4米，而据马某供述该光缆高度只有2~3米，电信部门也没有提供证据证明被破坏的光缆高度符合国家安全标准。《电信条例》(2000年，已修正)第48条规定："建设地下、水底等隐蔽电信设施和高空电信设施，应当按照国家有关规定设置标志。"电信部门没有提供证据证明其已经按照国家规定设置了标志。

完成了初次阅卷，我认为，仅凭我的阅卷摘要与备注，已经可以推翻对马某的有罪指控。我这次没有在向检察院提交的法律意见书中提出上述证据问题，我清楚一旦我提出上述问题则检察院必然要求公安机关补充侦查。我作为辩护律师，没有义务去帮助侦查机关指控我的犯罪嫌疑人有罪。我阅卷后一直保持沉默，该案还是做了两次退回补充侦查后才进入法院。我发现两次退回补充侦查竟然都没有发现我初次阅卷就发现的问题，这让我可以完成无罪辩护。

在该案的庭审中，我根据初次阅卷的材料撰写了辩护词提交给书记员，方便书记员做记录，然后顺利结束庭审。不过，该案并没有判决无罪，法官最终决定“关多久判多久”；而当事人与家属也对判 7 个月的结果表示认同。

技术辩护律师对初次阅卷需要高度重视，特别是要完成相应的摘要并转化为电子档，这不仅便于编辑，也便于在此基础上制作各种法律文书。只要初次阅卷做得精细，那么此后的阅卷根据补充侦查的意见逐一添加完善就好。

无论是作为文案律师帮他人出庭提供素材，还是作为出庭律师阅卷寻找辩护方向与辩护方法，都应该一字不漏地完整阅读卷宗资料，避免任何遗漏，所谓“细节决定成败”。

我们初次阅卷时要把自己看成法官，用挑剔的眼光查明这些证据来源是否合法，这些证据取证主体与取证程序是否规范，这些证据能不能排除合理怀疑。我曾帮同事阅卷了一宗 4.5 亿元的组织卖淫案，发现该案必然构成组织卖淫罪，而且也必然构成“情节严重”，刑期为

10 年以上有期徒刑或无期徒刑。同事征求我的意见，我则明确这个案件我没有把握如家属所期待争取到 10 年以下，如果我来代理我只能在法定刑期内争取能够轻判。

技术辩护律师需要实事求是，完成阅卷则可对案件是否存在辩护空间做到心中有数。对于那些存在辩护空间的案件，应当努力去争取轻罪或无罪判决。对于那些难以发掘辩护空间的案件，则需要直言不讳告诉家属与犯罪嫌疑人实际情况，让他们清楚自己的真实处境。

第十四讲 继续会见

技术辩护律师的“基本功”，简化一下其实就是三个提纲和五个经常。三个提纲是指律师需要制作询问提纲、质证提纲、辩护提纲，五个经常则是常会见、常约见（办案人员）、常（写法律）意见、常阅卷、常申请。接受委托后、犯罪嫌疑人被逮捕后、阅卷后，都是律师会见犯罪嫌疑人的时间节点。

技术辩护律师是办案律师而不是生活律师，因此他们只需要在时间节点会见当事人（犯罪嫌疑人、被告人）即可，无须像生活律师那样频繁会见。如果家属有意向让律师每月都去会见，技术辩护律师可以推荐青年律师或者自己的助手担任生活律师。

阅卷后的继续会见，技术辩护律师就要拿着卷宗与法律意见书初稿，去与犯罪嫌疑人深入交流。如果说阅卷前律师对案情的判断高度依赖犯罪嫌疑人的陈述与办案人员的介绍，那么阅卷后律师对案情的判断则可以直接来自阅卷本身。通过完整阅卷，律师可以掌握侦查机关的全部证据材料，这就有必要向犯罪嫌疑人核对案情，并要求犯罪嫌疑人对可疑部分进行合理解释。

《刑事诉讼法》第39条第4款规定："辩护律师会见在押的犯罪嫌疑人、被告人，可以了解案件有关情况，提供法律咨询等；自案件移送审查起诉之日起，可以向犯罪嫌疑人、被告人核实有关证据。辩护律师会见犯罪嫌疑人、被告人时不被监听。"这也说明律师有权利向犯罪嫌疑人核实有关证据，这也是为了有效查明案情。侦查机关收集证据的程序是否规范，犯罪嫌疑人的供述是否如实写入卷宗，都需要向犯罪嫌疑人逐一核对。

技术辩护律师的此次会见，首先，要核对犯罪嫌疑人的口供是否与记录一致，是否存在记录不完整或者记录不准确的部分，是否存在逼供、诱供、指供的成分。其次，律师可以将与犯罪嫌疑人有关的记载与犯罪嫌疑人核实，"这是不是你实施的""你是不是这样表述的""侦查人员是怎么样问你的"。最后，律师在核对案情的过程中，还要注意询问犯罪嫌疑人有哪些对他有利的证据，能够向谁提取这些证据。律师的这一次会见，也是为此后"非法证据排除""申请证人到庭"等做准备。

我国法律对律师是否能把"涉密"的卷宗给犯罪嫌疑人阅读，没有明确的规定。本来按照私权利"法无禁止即自由"原则，只要法律没有禁止律师把"涉密"卷宗向犯罪嫌疑人出示，就应该被允许。但出于安全考虑，还是尽量只把卷宗相关内容读给犯罪嫌疑人，向其核实重要案情即可。

需要注意的是，律师向犯罪嫌疑人出示卷宗的行为，很容易被视为违反纪律。此外，律师切忌向犯罪嫌疑人家属出示卷宗，避免卷宗泄密的情形发生。

技术辩护律师阅卷后会见犯罪嫌疑人，在很大程度上是借助犯罪嫌疑人的合理解释，来完善律师的辩护意见。如果说此前律师判断案件走向靠的是办理其他案件积累的经验，那么此时律师判断案件走向，已经是建立在充分解读卷宗材料的基础上。不少心怀侥幸的犯罪嫌疑人在侦查阶段隐瞒案情，但到了审查起诉阶段隐瞒已经不可能，他们才开始如实告知。此时律师应该与他们商量如何应对之后的困局。

我曾办理了茂名王某制造贩卖523.4公斤毒品案件，王某在侦查阶段一直坚持自己是卖化妆品，以致律师竟然向办案机关提交了王某不构成犯罪的法律意见书。但在完整阅卷后，我就向他的家属表示王某真的参与了这次巨额毒品犯罪，我们辩护的方向不再是无罪辩护而是“保命辩护”，甚至一审判决死刑的可能性非常大。因此，一审辩护更多是为二审的保命辩护做准备，二审辩护才是关键。

在阅卷后见到王某时，他表示自己向办案机关承认自己有参与制造贩卖毒品，于是我要求他介绍本案存在哪些存疑之处。因为我的辩护重点，需要集中在特情引诱、“线人”这些方面。

当然，对于这种“认罪即死罪”的案件，无罪辩护也成为我的必然选择，这其实就是不减轻公诉机关的举证义务。该案最后二审改判免死，在很大程度上就是这次阅卷后会见，形成的辩护策略。陈瑞华教授还将本案写入他的书中。教授可以谈艺术，但律师只能谈技术，把各种辩护方法层层分解，变成可以“公式化”的办案要领。

再次会见犯罪嫌疑人，律师需要向犯罪嫌疑人明确陈述基本案情，告诉他们现有证据是否足以说明犯罪嫌疑人有罪，并告诉他们本案是否存在辩护空间，需要向哪个方向“突围”。律师切忌“教唆”犯罪嫌疑人如何改变供述，而是要犯罪嫌疑人提供“本案存在异常情况”的线索。

刑事辩护是经验与逻辑的综合体，办案机关认定证据不仅要符合常理更要符合逻辑。律师采取静观态度按照办案机关的思路去“推演”，如果发现“反常”，则借助犯罪嫌疑人的亲身经历提出疑问，这才能让办案机关去解释“疑点”。

办案机关不能有效解释的“疑点”，就是律师切入的“辩点”。

第十五讲　检察约谈

技术辩护律师在审查起诉阶段，第一件事是阅卷，第二件事是会见犯罪嫌疑人，第三件事则是约谈公诉人。律师需要将自己的辩护意见，当面反馈给办案检察官，尤其是那些存在无罪辩护空间的案件。

如果说第一次约谈检察官是争取不批准逮捕，那么这次约谈检察官则是争取不起诉，或者希望检察官在起草起诉书时做一些对犯罪嫌疑人有利的陈述。此外，律师此次约谈检察官，还要为调取对犯罪嫌疑人有利的证据做些准备，甚至需要交流本案是否改变管辖更有利于案件办理。

《刑事诉讼法》第 173 条第 1 款规定："人民检察院审查案件，应当讯问犯罪嫌疑人，听取辩护人或者值班律师、被害人及其诉讼代理人的意见，并记录在案。辩护人或者值班律师、被害人及其诉讼代理人提出书面意见的，应当附卷。"这说明辩护律师不仅可以向检察官当面陈述意见，也可以向检察院向检察官提交书面意见。技术辩护律师应当在阅卷并会见犯罪嫌疑人后，约见检察官，当面向他们陈述自己对案件的看法。约谈时可以带上法律意见书，方便检察官完整了解律师的辩护意见。

经过完整的阅卷与会见，律师已经对基本案情有了全面了解。此时不仅可以判断本案是否有罪存在准确判断，而且对有罪案件究竟构成哪种罪，甚至应当如何量刑都有清晰的认识。对于有无罪辩护空间的案件，律师应当坚持无罪辩护；对于有轻罪辩护空间的案件，律师需要努力做轻罪辩护；对于侦查机关漏掉了证明犯罪嫌疑人无罪或者轻罪的证据，应当向检察院提出调查取证要求，根据具体情况决定是否需要事后提交调查取证申请书。对于那些存在管辖权异议或者办案机关违反回避原则的案件，也需要在这次交流中向办案检察官详细说明。

我曾办理了叶某雇凶杀人案，这也是我为数不多提出管辖权异议的案件。叶某在网络上联系钟某等人帮她杀掉暗恋对象李老师的妻子林某。后因钟某等人在网上被公安机关监控并抓获，叶某也被公安机关抓捕。

本案我最初是提供咨询服务，后来家属要求我代理该案件。我接手时该案件刚刚从市检察院移交给区检察院，我一口气完成阅卷、会见后，立即约见办案检察官。见到检察官后，我向他提出本案属于“预备阶段中止”意见。叶某在笔录中明确自己只是“好玩”，而且约定分三期付款，支付了两期即“定金”与“踩点”的费用，并没有支付第三期“行动”的费用，说明该案还处于犯罪预备阶段。叶某还说自己知道钟某等人只是骗自己的钱，叶某也始终没有发出要求钟某等人“行动”的指令，还主动注销了“赏金猎人”的账户退出该系统，这属于“犯罪中止”。我还建议检察院调查钟某等人与叶某联系的真实动机，究竟是“杀人”还是以“杀人”为由骗钱。

我随即提出本案排名第一的犯罪嫌疑人，无论是户籍地还是网上雇凶杀人的行为地以及受害人林某居住地都在惠州，建议改变管辖移送到惠州为好。这次检察官表示愿意考虑律师的意见。该案在起诉阶段通过深圳市中级人民法院移交给惠州市中级人民法院，然后移送给基层人民法院管辖。该案最后以 9 个月的有期徒刑“关多久判多久”结案。

多年来我从不轻易提出管辖权异议。按照我的办案原则，“有利有理有力”才是辩护。曾记得有某知名律师在微信朋友圈“晒”他如何在内蒙古某法院“成功争取延期审理”，我不禁哑然。“延期审理”能给当事人带来实际利益吗？滥用管辖权异议对当事人不一定有利。如果没有相应的法律依据说服办案机关。这种管辖权异议其实并无实际效果。

上一次我提出管辖权异议，则是东北的林某从深圳邮寄毒品回老家，被长春公安机关抓获的案件。在审查起诉阶段，我们建议案件移送深圳管辖，因为林某经常居住地在深圳，毒品寄出地是在深圳，长春取邮件的人并不是排名第一的犯罪嫌疑人。

技术辩护律师提出管辖权异议的时机，是在审查起诉阶段约谈办案检察官时，“有利原则”放在第一位，然后才是“有理原则”。“有理”但并不“有利”时，建议律师保持沉默，不要作为辩护要点。

此时与检察官面对面交流，如何沟通就需要具体问题具体分析。如果现有证据足以支持无罪辩护，而且律师的异议不会成为办案机关有效补正的线索，那么律师可以把自己的观点和盘托出。如果现有证据支持无罪辩护，但办案机关可以补正，那么律师只需要对那些不能补正的证据提出异议。如果现有证据足以证明犯罪嫌疑人有罪，则律师的异议需要从轻罪角度切入。

我曾在 2012 年办理了叶某制造销售“两万斤死猪肉”案件，我看到“两万斤死猪肉”就感觉完全不合常理，正好“两万斤”，一斤不多一斤不少？而且我也没有看到称重笔录，我就知道公安机关疏忽了。在约见检察官时，我对称重问题三缄其口，只谈本案不属于有毒有害食品，因为鉴定报告中没有检测出有毒成分，不能因为犯罪嫌疑人承认是“死猪肉”，你们就认为是有毒有害食品。

该案两次退回补充侦查，更多是围绕着“死猪肉”究竟是属于有毒有害食品还是不符合卫生标准食品甚至不合格产品展开。到了庭审阶段我才提出“两万斤死猪肉”没有称重笔录，“两万斤”一斤不多一斤不少显然违背常理，缺乏合法来源，申请法院重新鉴定。

法院判决需要有理有据，让案件建立在证据确凿的基础上。辩护律师严谨一些，公安机关取证也会更认真一点，证据选取才会完整充分，法院判决也就更加公平公正。律师如同法治建设中的“谏官”，他们忠于职守、直言进谏，法院才能兼听则明。该案最后以判处 1 年有期徒刑告终。

“当且仅当”律师的异议不能让办案机关通过补充侦查消解时，律师才需要直言不讳。律师的服务原则是“受人之托，忠人之事”，他们没有义务证明自己的当事人有罪或者重罪。《刑事诉讼法》第 37 条规定：“辩护人的责任是根据事实和法律，提出犯罪嫌疑人、被告人无罪、罪轻或者减轻、免除其刑事责任的材料和意见，维护犯罪嫌疑人、被告人的诉讼权利和其他合法权益。”这也说明“维护犯罪嫌疑人、被告人的诉讼权利和其他合法权益”才是律师的法定职责。

我们律师知悉当事人存在没有被发现的犯罪行为，“当且仅当”这些罪名属于“准备或者正在实施危害国家安全、公共安全以及严重危害他人人身安全的犯罪的”时，律师应履行报告义务。我之所以多次强调“律师只代表争议”，就是因为律师的法定职责就是服务当事人。

约谈检察官，是争取不起诉的关键，也是查明公诉机关基本态度的契机，辩护律师需要认真对待。

第十六讲 | 认罪认罚

"认罪认罚从宽"制度，从2016年11月最高人民法院、最高人民检察院、公安部、国家安全部、司法部《关于在部分地区开展刑事案件认罪认罚从宽制度试点工作的办法》（以下简称《"两高三部"认罪认罚办法》）在全国18个地方开始试点工作以来，业已成为我国刑事诉讼制度的重要改革措施。该项制度在提高诉讼效率、实现繁简分流、缓和社会矛盾等方面，发挥了不少积极作用。对于"认罪认罚从宽"制度，技术辩护律师也需要从中找到有利于维护当事人合法利益的有效路径。

技术辩护律师接到案件时第一反应必须是"无罪辩护"，但遇到现有证据足以推翻律师的无罪判断或者妥协更有利于当事人合法利益时，还是应当采取轻罪辩护策略。我曾提到技术辩护"三原则"是"有利、有理、有力"，这也说明如果"认罪认罚"最有利于当事人利益，则律师应当接受"认罪认罚从宽"。律师无论是选择“无罪辩护”还是“轻罪辩护”，都以“有利原则”为第一位。

《刑事诉讼法》第15条规定：“犯罪嫌疑人、被告人自愿如实供述自己的罪行，承认指控的犯罪事实，愿意接受处罚的，可以依法从宽处理。”这说明“认罪认罚”是“从宽”处罚的酌定事由，并不属于法定事由，即有些犯罪即使“认罪认罚”也不能从宽处理。我曾撰文说“无罪辩护”存在4种“刚性需求”，对于那些认罪即重罪的案件或者情节极其残忍、后果极其严重，连自首、立功都不能减轻处罚的案件，认罪认罚对被告人本身来说并没有实际价值。因此，要不要选择认罪认罚，或者如何选择认罪认罚，就是技术辩护律师需要注意的两个关键问题。

要不要选择“认罪认罚”，需要在技术辩护律师充分阅卷并与犯罪嫌疑人及其家属充分沟通后作出权衡。如果现有证据足以证明犯罪嫌疑人构成犯罪，且不接受“认罪认罚”会对犯罪嫌疑人更不利，那么律师就应该建议犯罪嫌疑人接受“认罪认罚”，争取“从宽”处理。

反之，如果存在无罪辩护空间，我认为，律师就应该选择无罪辩护。律师需要向犯罪嫌疑人说明相关法律后果，建议犯罪嫌疑人坚持无罪辩护，争取无罪判决或者以无罪辩护争取轻罪判决。

我的主攻方向是无罪辩护，这些年有大量无罪辩护“刚性需求”的当事人及其家属找到我，这也使我更多办理无罪辩护案件。律师可以有自己的辩护风格甚至辩护偏好，但这些风格选择与偏好选取在遵守法律规定的基础上不可以违背“有利于当事人原则”。

我曾代理黄某参与打砸县城某酒店的案件，黄某等13人被公安机关认定为“涉黑涉恶”。我阅卷后发现本案存在视频资料、同案犯指认、犯罪嫌疑人供认，这就意味着本案要做无罪辩护很难。我在与检察官沟通时，提出本案不构成聚众斗殴罪。一则，现有证据只能证明黄某去了案发现场，但不能证明黄某在现场与他人发生殴斗；二则，现有证据不能证明黄某参与聚众的目的在于斗殴，而且黄某与参与聚众斗殴的同案犯没有意思联络。聚众斗殴需要同时满足两个条件，即“聚众”与“斗殴”，且“聚众”的目的在于“斗殴”而不是“围观”或者其他法律并不禁止的行为。因此，如果指控黄某构成聚众斗殴罪，则我会坚持无罪辩护。

检察官表示，即使黄某不构成聚众斗殴罪，他也构成其他犯罪，如寻衅滋事罪。黄某毕竟参加了打砸某酒店的行为，他们被同伙喊到县城帮人“出气”，这种群体性打砸行为也构成犯罪。检察官表示可以不认定黄某构成聚众斗殴罪，但寻衅滋事罪难以逃脱。我询问检察官若构成寻衅滋事罪的量刑建议。检察官表示初步估计应该是1年半到两年半。我认为这种量刑太重，如果当事人不同意则律师必然选择无罪辩护；何况本案是多年前的案件，本案的关键证据即视频资料来源是否合法尚无法确定。

后来，检察官告诉我量刑建议为 1 年到 2 年，检察院对寻衅滋事罪的量刑一般为此，但如果法院判决 1 年以内则检察院不会反对。此时，律师也就只能先去征求家属的意见，然后在庭审时进行辩护，争取法院从轻判决。

家属对检察院的量刑建议表示接受，黄某有些犹豫，他担心法院真的判决 2 年。我的意见有两点：第一，我会尽力去争取法院从轻判决，如 1 年半以内；第二，如果法院判决 2 年，则我们放弃“认罪认罚”坚持无罪上诉。

这个案件庭审阶段，我作为第五被告人的辩护人，与第六被告人的辩护人成了主力。我们办理“认罪认罚”案件，并不意味着我不会全面质疑本案的有罪证据。特别是视频资料的来源合法性、取证规范性、内容完整性，成为我们质证的重点。第六被告人的辩护人也灵活补充辩点，其他辩护人都是“同意第五、第六被告人辩护人的意见”。

在量刑辩护阶段，我建议法院判处黄某缓刑或者 1 年内有期徒刑。最后，我们第五、第六被告人与第十三被告人都是判决 1 年有期徒刑，在 13 名被告人中判得最轻。

一些律师认为“认罪认罚”案件没办法有效质证，特别是没办法把无罪辩护的质证模式拿出来。其实“认罪认罚”的是当事人，律师完全可以行使独立辩护权。一方面律师需要与检察官充分沟通，争取检察官在量刑建议方面做出有利于当事人的抉择；另一方面律师需要在庭审中按照既定方针辩护，全面质疑有罪证据。律师要有可以进行无罪辩护的底牌，这才能避免当事人接受“认罪认罚”后没有退路。

“认罪认罚”案件的技术辩护，主战场在审查起诉阶段。《刑事诉讼法》第 174 条第 1 款规定：“犯罪嫌疑人自愿认罪，同意量刑建议和程序适用的，应当在辩护人或者值班律师在场的情况下签署认罪认罚具结书。”这说明“认罪认罚”不仅需要犯罪嫌疑人“自愿认罪”，还要“同意量刑建议和程序适用”，这也就意味着检察院的“量刑建议”直接关系到法院的判决。

《“两高三部”认罪认罚办法》第 3 条规定：“办理认罪认罚案件，应当遵循刑法、刑事诉讼法的基本原则，以事实为根据，以法律为准绳，保障犯罪嫌疑人、被告人依法享有的辩护权和其他诉讼权利，保障被害人的合法权益，维护社会公共利益，强化监督制约，确保无罪的人不受刑事追究，有罪的人受到公正惩罚，确保司法公正。”这说明“认罪认罚”案件并不否定律师的有效辩护甚至无罪辩护，而且需要充分保障当事人依法享有的诉讼权利。那种只要是“认罪认罚”案件就限制律师辩护或者律师主动放弃辩护的观点，是对国家“认罪认罚从宽”制度的误解乃至曲解。律师应该有勇气也有底气，在认罪认罚案件中坚持技术辩护甚至无罪辩护。认罪认罚案件，也并不一定是有罪案件。

“认罪认罚从宽”只是案件当事人自愿认罪并同意检察院的量刑建议和程序适用，并不是剥夺当事人及其律师辩护权，更不是禁止当事人辩解、限制辩护人质证。《“两高三部”认罪认罚办法》第20条明确“被告人不构成犯罪或者不应当追究刑事责任的”“被告人违背意愿认罪认罚的”“被告人否认指控的犯罪事实的”“起诉指控的罪名与审理认定的罪名不一致的”“其他可能影响公正审判的情形”5种情况下，人民法院可以不采纳人民检察院指控的罪名和量刑建议。正如我在一次庭审中所描述的一样，被告人是否有罪不取决于他是否认罪，也不取决于律师是否辩护他无罪，更不取决于公诉人是否指控他有罪，而是取决于是否有充足的证据让法院判决他有罪。

认罪认罚案件，并不限制律师的辩护权利。

第十七讲 调查取证

律师在审查起诉阶段熟悉了全部侦查案情，此时可以进行必要的调查取证。律师调查取证存在巨大的风险，当然也存在“风险收益”。因此，在确保安全的情况下调查取证，也是技术辩护律师必须熟练掌握的。律师调查取证，既要防止因为担心办案风险而“绝不取证”，又要防止因为急于求成而自己触犯法律。

《刑事诉讼法》第 41 条规定：“辩护人认为在侦查、审查起诉期间公安机关、人民检察院收集的证明犯罪嫌疑人、被告人无罪或者罪轻的证据材料未提交的，有权申请人民检察院、人民法院调取。”《刑事诉讼法》第 42 条规定：“辩护人收集的有关犯罪嫌疑人不在犯罪现场、未达到刑事责任年龄、属于依法不负刑事责任的精神病人的证据，应当及时告知公安机关、人民检察院。”《刑事诉讼法》第 43 条规定：“辩护律师经证人或者其他有关单位和个人同意，可以向他们收集与本案有关的材料，也可以申请人民检察院、人民法院收集、调取证据，或者申请人民法院通知证人出庭作证。辩护律师经人民检察院或者人民法院许可，并且经被害人或者其近亲属、被害人提供的证人同意，可以向他们收集与本案有关的材料。”这说明法律授予辩护律师调查取证的基本权利，只要按照法律规定的手续调查取证，都应当被支持。律师不应该消极防御，坐等侦查机关收集证据，而应该主动出击，直接收集证据或者向办案机关申请调取对犯罪嫌疑人有利的证据。

律师已经完整阅卷并与犯罪嫌疑人核对案情，甚至与办案检察官约谈，那么此时应该对收集哪些对犯罪嫌疑人有利的证据有了清晰的认识。律师应该在审查起诉阶段充分行使调查取证的权利，特别是向单位取证。律师对于不方便自己取证的重要证据，应该向检察院申请调查取证，要保证自身安全第一。

律师向有关部门调查取证并不难，我在办理吴某非法采矿案件时，向颁发采矿许可证的自然资源部门调查取证，这些政府机关一般都会配合律师工作；必要时，也可向检察院申请调查函。

律师向“证人”或者受害人调查取证就有些困难。《刑法》第306条第1款规定：“在刑事诉讼中，辩护人、诉讼代理人毁灭、伪造证据，帮助当事人毁灭、伪造证据，威胁、引诱证人违背事实改变证言或者作伪证的，处三年以下有期徒刑或者拘役;情节严重的,处三年以上七年以下有期徒刑。”每年都有辩护人因为该条款被判有罪。

既然侦查机关调查取证都需要第三方来证明自己的取证行为,那么辩护律师向个人取证时也应当如此。辩护律师可以要求其他律师事务所为“证人证言”或者“受害人陈述”做律师见证,并现场录音录像来证明这些言词证据的选取符合法律规定。我不建议律师直接与证人或受害人接触,而应借助第三方来证明这些言词证据的合法有效性。律师可以让家属找到证人或受害人提供书面证词,然后建议去其他律师事务所做见证。律师需要注意风险转移,借助律师见证甚至公证处公证来保证所收集的“言词证据”来源合法。

技术辩护律师可以先拿到犯罪嫌疑人家属交来的证人或受害人的“书面证言”,但第一次见到证人或受害人最好是在办案机关。经常有家属提出某证人知道案发现场的详情,此时应先询问这位证人是否愿意出庭作证。如果证人愿意出庭作证,则律师需要避免庭前与证人见面,以免被办案机关“误会”为串供;如果证人不愿意出庭作证,则律师可以与证人见面,向他们详细了解现场细节,从而发现调查取证的新线索。律师调查取证需要胆大心细,在能够自证清白的条件下尽量去参加调查取证。

我曾办理叶某雯故意伤害叶某君案,接受代理后我立即在家属陪同下前往现场。在案发现场，我发现两位村民发生肢体冲突的田埂只有60厘米左右。家属告诉我，犯罪嫌疑人叶某雯在自己家田里种植树苗，并请村民叶某云帮忙。看到天气较好，叶某雯就准备洒农药。为保证受害者叶某君的饮水安全，将叶某君家通过叶某雯田里的水管拔掉。叶某雯曾通过村委会并直接告知过叶某君，要求其通过自家水田的饮水管要深埋，以免种田时洒农药施化肥影响叶某君饮水安全。叶某君得知自家水管被拔掉，手持钢丝钳冲到叶某雯的田里，指责叶某雯不该拔掉自家水管，还用钢丝钳捅伤叶某雯腹部。双方争执中，叶某君摔下田埂造成腿骨粉碎性骨折。家属说是伤者叶某君失足摔下意外受伤，还说目击证人叶某云可以作证。

此时律师当然不方便与证人见面，于是我通过家属要求叶某云提供一式两份的书面证言，附上身份证号码与联系电话，并表示愿意到办案机关作证。在与检察院交流时，我就提交了叶某云的证人证言，还建议检察院通知叶某云过来做笔录查明案情。另外，我还提交了田埂高度测量照片，表明受害人如果真是被人推下来，因为田埂这么矮反而不容易受伤，他应该是一不小心失足跌下去受伤。至于受害人叶某君用钢丝钳刺穿两层衣服刺伤叶某雯腹部的证据，公安机关已经收集了相关证据，我只需要强调就行。

我与办案检察官交换意见时表示，现有证据难以证实叶某雯故意伤害叶某君，不能排除叶某君是自己失足跌伤，过失造成叶某君轻伤不构成犯罪；而且本案是由叶某君持械刺伤叶某雯而挑起事端，即使叶某雯造成叶某君受伤，也没有明显超出正当防卫的必要限度，也不构成犯罪。此外，叶某雯与叶某君本就是邻里关系，建议本案不作为刑事案件处理，而是双方协商解决，如让叶某雯承担一定的医药费，这样更能缓和村民内部矛盾。如果因为这件事叶某雯被判有罪，他们两家之间很容易积累矛盾，不利于基层稳定。

检察官最终同意了律师意见，随后，我还根据检察官的建议，带着叶某雯的家属去叶某君家里探望。

我之所以不与证人在办案机关之外的地方见面，就是看到一些律师因为证人改变证言，而被办案机关视为妨碍作证调查甚至进行处罚。我给我所在的律师事务所起草的《刑事办案十不准》第七条，就是“不准在办案机关之外的场所，与案件证人见面”。

2016 年我办理谢某组织卖淫案时，关键证人吴某的证言直接推翻了现场存在“性服务”的指控，与在公安机关时的证言不一致。公安机关在协助检察院调查时，第一件事是询问证人吴某律师是否教吴某这样表述。证人说她都不认识律师，直到办案机关才见到律师，这也就让我有惊无险过关。

其实该案的警察询问证人律师是否有教唆行为，在程序上是违法的。一则该警察的询问与本案无关，二则该警察即使要调查律师是否有妨碍作证行为，也需要有相应的办案线索，甚至需要先立案律师妨碍作证才能进行侦查。警察因为证人证言有变动，就认为一定是律师教唆，这一方面是假定自己收集的证言一定都是真实有效的，另一方面是对律师调查取证权利的变相否定。

2018 年《中华人民共和国刑事诉讼法》修改后，第 44 条第 2 款规定："违反前款规定的，应当依法追究法律责任，辩护人涉嫌犯罪的，应当由办理辩护人所承办案件的侦查机关以外的侦查机关办理。辩护人是律师的，应当及时通知其所在的律师事务所或者所属的律师协会。"这也说明立案侦查在刑事辩护中涉嫌妨碍作证律师的，应该遵循"回避原则"。

律师调查取证存在较大的风险，但律师不能因为存在风险就拒绝调查取证。对于那些风险不高的调查取证，如去观察案发现场，去向那些不愿意出庭的目击证人见面了解案情，借助家属要求证人提供一式三份的书面证言，只在办案场所与证人见面，都是确保安全的有效取证方式。如果律师取证能力有限，那可以不断申请办案机关调查取证。

我办理安徽张某在广东中山的诈骗案时，缺少张某不在场的证据，我就申请办案机关调取案发前后中山市高速公路卡口以及案发现场周边摄像头的记录，还申请调取张某入住酒店的记录。这其实也是证明张某不在场的证据。

律师调查取证应小心谨慎按照操作规程进行，若超出了自己的能力范围或者安全可控范围，那就一纸申请交给经验丰富的办案机关。

我们都是法律职业的从业者，都是为了有效查明案情避免冤假错案，在证据面前人人平等。

第十八讲 起诉辩护

起诉辩护是庭前辩护最后的关口。辩护律师一旦不能在起诉辩护阶段“无罪拦截”成功，就要进入审判阶段。如果说批捕辩护是无罪辩护的黄金时间，那么起诉辩护则是无罪辩护的白银时间。技术辩护律师，切不可忽视起诉辩护的关键作用；那些批准逮捕后才受托代理案件的律师，更需要在这个阶段尽职辩护，有效争取检察院不起诉。

2018 年《刑事诉讼法》第 173 条第 1 款规定：“人民检察院审查案件，应当讯问犯罪嫌疑人，听取辩护人或者值班律师、被害人及其诉讼代理人的意见，并记录在案。辩护人或者值班律师、被害人及其诉讼代理人提出书面意见的，应当附卷。”这说明辩护律师在审查起诉阶段有权利向检察官提出辩护意见，检察院还应当把律师的书面意见附卷存档。《刑事诉讼法》第 171 条规定，人民检察院在审查起诉阶段需要查明“犯罪事实、情节是否清楚，证据是否确实、充分，犯罪性质和罪名的认定是否正确”“是否属于不应追究刑事责任的”“侦查活动是否合法”等，因此辩护律师在审查起诉阶段，需要全面质疑侦查机关收集证据的合法性、规范性、完整性，提出犯罪嫌疑人轻罪或无罪的意见，并对符合条件的案件说服检察院做出不予起诉的决定。

技术辩护律师对于案情不复杂的案件，当然是争取在批捕阶段“无罪拦截”。但许多家属在批准之前心存侥幸，怠于找律师，从而错过了无罪辩护的黄金 37 天，也就意味着律师的无罪辩护，更多发生在审查起诉阶段。

这个阶段律师需要说服检察机关，本案存在哪些无法补正的证据漏洞，甚至通过法律意见书进行一次“质证预演”，让检察官认识到己方无法回答律师的这些质疑，即使进入庭审阶段他们也无法“招架”律师有理有据的“攻势”。技术辩护律师则需要通过提出法律意见来不断输出辩护观点，说服检察院做出不起诉决定。

2013 年我办理了湖北曾某强奸案。曾某的姐姐在曾某被批准逮捕后才开始找律师。我接手案件，完成会见、阅卷、约见检察官、二次会见后，再次约见检察官并提出 12 点意见。

第一，受害人喻某指控犯罪嫌疑人曾某 3 月 23 日在东莞某出租房两次强奸她，并将她的手臂打伤，为何公安机关没有到该出租房取证并询问房东、租客以证实当天嫌疑人是否对受害人使用过暴力?

第二,受害人喻某与曾某3月28日出现在惠州某旅馆,指控嫌疑人次日凌晨强行与之发生性关系,后又承认嫌疑人没有殴打她,她没有进行激烈反抗,那么如何认定曾某使用了暴力、威胁或伤害等手段迫使受害人进行性行为?

第三,受害人衣裤完好无损,牛仔裤更是不可能在没有女方帮助下完整脱下,如何证明是曾某强行脱去受害人衣裤?

第四,受害人自称被曾某强奸,为何既没有搏斗的痕迹,也没有旁人听到打斗甚至吵架的声音?

第五,受害人与曾某两次发生性关系,一次是在曾某的东莞出租房,另一次是在受害人喻某住所附近的某旅馆,受害人作为成年人且担任某工厂管理职务,为何两次孤身一人与曾某房间内独处?

第六,受害人2013年3月23日在东莞与曾某发生性关系后,如果是违背自身意愿的话,为何没有及时报案?

第七,2013年3月28日两人前往宾馆,次日凌晨发生性关系,为何不是本人报案而是她的姐姐在异地报案?受害人与曾某都承认多次发生了性关系,曾某承认共有7次,受害人承认有3次,如果多次发生了强奸行为,为何3月28日晚受害人还会与曾某去宾馆?

第八，受害人与曾某都承认 2013 年 3 月 23 日和 2013 年 3 月 28 日发生 3 次性关系，没有受害人配合，曾某如何单方面完成？

第九，在受害人 QQ 空间留有其与曾某亲密照片，这显然说明两人关系密切且受害人并不反对两人的亲密行为，为何公安机关认为存在强迫行为？

第十，公安机关《起诉意见书》中支持强奸罪的证据，只有受害人喻某单方面供述，未顾及犯罪嫌疑人曾某相反的陈述，更没有第三方证据作为佐证，如何证明曾某强行与受害人发生性关系？

第十一，受害人两次都是自愿跟随曾某，到其出租房或者前往宾馆，这显然是默许发生性行为。在此过程中受害人明明具备反抗能力却没有实施拒绝、反抗行为，如何证明性行为违背了女方意愿？

第十二，对于成年男女之间的强奸行为，需要采取暴力、威胁或者其他手段。本案中没有证据表明犯罪嫌疑人曾某采取了使受害人喻某不能反抗或者不敢反抗的手段，如何证明双方的性行为不是女方真实意愿？

我与检察官面谈时，提炼了主要辩护意见。我认为，两人正常前往宾馆、没有搏斗的痕迹、没有打斗的声音、没有呼叫、没有饮酒或服用麻醉性药品，无法证明违反女方意见。

最后，本案经过两次退回补充侦查后，检察院根据《刑事诉讼法》第 175 条第 4 款的规定，作出不起诉决定。

技术辩护律师需要注重与办案机关的交流，尽量用他们熟悉的方式、他们容易接受的方式与之沟通。律师还要注重非正式交流，补充一些没有写入法律意见书的观点，让办案机关能更完整感受到案件可能存在的疏漏，而且这些疏漏可能无法补正。

一位检察官对我说，他们尊重讲道理的律师，这些律师的意见其实也是帮助他们提高办案能力，他们甚至可以根据律师的辩护意见选择是否起诉或者调整起诉意见。

一位检察官曾直言不讳，律师提出法律意见书应该尽量赶早，要在他们没有把案件向上级领导汇报之前。

我后来向检察院提交法律意见书，高度注意及时性，尽量不错过他们的汇报时间或者检委会讨论时间。我还注意法律意见书的可读性，不仅要用小标题浓缩每一部分的辩护意见，而且注重文学修辞。律师的法律意见书切忌过分冗长，更不能过于枯燥乏味。如何把专业性与文学性综合起来，这是一门“真功夫”。

我经常提醒我的团队成员说，写完法律意见书先自己多读两遍，看看自己有没有继续读下去的欲望，以及自己会不会因长句太多一口气接不上来。这些年我一再强调技术辩护律师必须是“文笔好”的律师，这也是满足办案机关阅读需求的结果。

轻罪辩护也不可以错过“起诉辩护”关键环节，特别是改变罪名、改变情节等辩护。我曾办理了东莞杨某假冒注册商标罪、生产销售假冒注册商标的产品罪案件，我就提出本案属于单位犯罪而不是个人犯罪，本案生产销售假冒注册商标的产品罪不成立。检察院没有接受这两项意见，但检察院根据律师的意见退回公安机关进行了补充侦查，为后来法院阶段律师成功否定掉生产销售假冒注册商标的产品罪，并争取法院把个人犯罪恢复为单位犯罪，奠定了基础。

律师在审查起诉阶段的最后职责，就是起诉辩护。此时律师应当提出各种疑问，既能借助检察院退回补充侦查来调取对犯罪嫌疑人有利的证据，也能通过那些无法补正的证据漏洞，说服检察院作出不起诉决定，或者调整起诉书观点。

律师需要注意沟通技巧，态度需要坚决，但语言尽量客气。如果能够用诙谐语言归谬，让检察官意识到其中的漏洞，那当然是上上之策。

附录

陈某生涉嫌寻衅滋事罪不起诉法律意见书

广东某律师事务所接受犯罪嫌疑人陈某生亲属的委托，指派我们作为其涉嫌寻衅滋事罪的辩护律师，在审查起诉阶段为其提供法律服务，担任其辩护人。本律师依法会见了犯罪嫌疑人，查阅了本案卷宗，对案件事实已有了基本了解，辩护律师认为公安机关认定陈某生涉嫌寻衅滋事罪事实不清、证据不足，陈某生依法不构成寻衅滋事罪，依法不应作为犯罪处理，建议贵院对陈某生作不起诉处理。

现辩护律师提出如下辩护意见，供贵院参考：

一、陈某生到案发现场没有寻衅滋事的主观故意

陈某生 2017 年 12 月 30 日晚前往事故现场，是因为得知自己叔公陈 A 被撞，作为亲人而前往查看其状况，陈某生主观方面不具有寻求刺激、发泄情绪、逞强耍横等动机，不具有寻衅滋事的故意，不符合寻衅滋事罪主观方面的构成要件。

（一）陈某生于2017年12月30日晚前往事故现场的目的，是得知叔公被撞后前往现场查看状况，而非寻衅滋事

陈某生于2018年4月12日第一次供述称（卷宗二，第52页），“2017年12月30日19时多，我当时在家里。我叔公的哥哥陈B到我家里，和我说他弟弟在砂场那条路被砂场的车给撞了，要我过去看看……”“（讯问人：你为何要去）一个出于亲戚关系就过去看看我叔公，一个也是过去凑一下人数”。

陈某生第二次于2018年4月12日供述称（卷宗二，第59页），“（讯问人：你们村民去砂场主要是为了什么？）他们为什么去我就不知道了。我自己本人的想法就是去看看叔公的伤势，去找砂场讨个说法，看该怎么解决这个问题”。

陈某生第三次对其前往现场的目的供述与之前一致。

陈某生的供述也就表明了，陈某生在2017年12月30日晚上前往事故现场是事出有因的，其是得知叔公发生事故而作为亲戚前往现场查看关心相关情况，并非无事生非，更并非为了寻求刺激、发泄情绪、逞强耍横等，因此，陈某生主观方面不具有寻衅滋事的故意，不符合寻衅滋事罪主观方面的构成要件。

（二）包括陈某生在内的本案众多涉案人员均称，在

到案看到侦查人员所播放的现场视频后，才得知陈A可能是碰瓷，这也表明了陈某生没有寻衅滋事的主观故意

依据陈某生第二次供述（卷宗二，第60页），“（讯问人：现我公安机关将你叔公在砂场与运沙车发生碰撞的视频给你看，你有什么看法？）我看完了，我觉得他就是在碰瓷”。

依据陈某生第三次供述（卷宗二，第64页），“之前我也以为我叔公真的发生了交通事故，一直到昨天晚上你们办案人员把发生交通事故的监控视频给我看过之后，我感觉我就被他骗被他利用了……”

除了陈某生以外，本案的其他涉案人员也均表示是到案后看到侦查人员播放当时现场的视频时，才知道事发当晚陈某生的叔公可能是碰瓷。

以上表明，陈某生直到到案后看到侦查人员播放的当时现场视频后，才得知事发当晚的真实情况，其在事发当晚是以为他的叔公是真的发生了交通事故，出于亲戚的缘故才赶到现场查看的，主观上并无寻衅滋事、无事生非的故意。

（三）现有证据也表明，陈某生与陈A、参与堵路的陈C、陈B、黄某等人之间并没有意思联络，对于其他人的不当行为不应承担任何责任

1. 陈某生与陈A之间无任何意思联络。

如前所述，陈某生之所以到达现场是因为真的以为

叔公陈A被砂场的车撞倒，作为亲戚才到现场查看，即使有证据表明陈A确实是碰瓷，陈某生也不可能与其存在意思联络。

2. 陈某生与陈C、陈B、黄某等参与当晚堵路的村民无意思联络。

依据陈C第一次供述（卷宗一，第49页），“……我把车横在入口外面路面上……黄某的车也横在路中间……到了凌晨，其他村民都散开了，我和陈B在我车里守夜，黄某在他车那边守夜……”

依据陈C第二次供述（卷宗一，第52页），“（讯问人：还有谁跟你一起参与了堵路？）还有黄某和陈B”。

依据陈某生供述（卷宗二，第53、60、61、65页），其到砂场时砂场的路已经被堵上了。

上述供述也与本案其他涉案人供述相互印证。

以上表明，2017年12月30日晚发生的堵路事件是陈C、陈A、黄某三人的行为，与陈某生无关。陈某生到现场时，堵路已经发生，道路已经堵塞，陈某生与此三人之间并无意思联络。

陈某生未参与2017年12月30日之后的与砂场有关的活动，其他村民等实施的行为与其无关，其也就不可能与这些村民之间存在意思联络。

关于陈某生未参与2017年12月31日及之后的任何与砂场有关的活动的辩护意见详见本意见书第二

部分。

二、陈某生没有法律禁止的寻衅滋事行为

陈某生未实施《刑法》第293条所规定的寻衅滋事行为，未造成社会秩序破坏，不符合寻衅滋事罪的客观方面构成要件。

（一）2017年12月30日晚上，陈某生从到达事故现场到离开事故现场期间，未实施寻衅滋事行为

1. 陈某生于2017年12月30日当晚，未实施堵路行为，《起诉意见书》指控陈B、陈C纠集陈某生等堵塞道路等与事实不符。

如前所述，陈某生到达现场时，道路已经被人堵塞了；而陈C、陈B、黄某等人的供述也已经表明，堵塞道路完全是陈C、陈B、黄某三人实施的，与陈某生并无关联。而正是此三人的堵路行为，导致砂场车辆出入困难、影响了其经营等。

因此，《起诉意见书》指控的"在犯罪嫌疑人陈某扬的组织策划下，陈B、陈C纠集黄某、王某、陈某生等犯罪嫌疑人到缚娄砂场起哄闹事，阻碍交警疏通道路和对事故车辆作扣押处理，不听交警劝阻，坚持阻止砂场的运砂车辆出入通行"等，明显与事实不符，道路堵塞导致影响砂场经营与陈某生完全没有任何关系。

2. 陈某生于2017年12月30日当晚未实施其他闹事等寻衅滋事行为。其当晚唯一的一次不当行为也不

符合《刑法》第293条第1款第1—4项所规定的情形，更不属于“情节恶劣”或“情节严重”，不构成寻衅滋事罪，而应属于情节显著轻微，危害不大，不认为是犯罪之行为。

2017年12月30日当晚，陈某生从到达事故现场到离开事故现场期间，未实施堵路行为，也未实施其他闹事等寻衅滋事行为。其唯一实施的一次不当行为，依据其自己供述是拿着铁铲，说了一句：“是不是要砸？”但该行为也并不构成寻衅滋事罪，具体辩护意见如下：

（1）对于陈某生实施的该行为，仅有陈某生自己供述，而没有任何其他证据能够佐证，不能仅凭其个人供述即认定该行为存在；

（2）即使有其他证据表明陈某生确实实施了该行为，但该行为也明显情节显著轻微，危害不大，不应当作为犯罪评价。

一方面，没有任何其他人的供述等表明陈某生实施了该行为，也就意味着其行为造成的影响极小，未造成他人直接或者间接的损害；另一方面，其实施该行为是现场其他村民起哄所引起，这符合年轻人易冲动的特点；更重要的是，在其刚实施该行为时，其父亲及村干部即叫停，其就立即放下铁铲，即中止了该行为，并未再采取其他不当行动，这也反映了其较小的主观恶性。因此，陈某生在当晚的唯一一次不当行为的情节显著轻微，且自行中止，是没有任何实质危害的，不应当作为犯罪处理。

(3)陈某生的行为也不符合《刑法》第293条第1款第1—3项所规定的情形，更不属于“情节恶劣”或“情节严重”，不构成寻衅滋事罪。

陈某生在2017年12月30日晚未实施随意殴打他人，或追逐、拦截、辱骂、恐吓他人，或强拿硬要、任意损毁、占用公私财物等寻衅滋事行为，其行为也就不符合《刑法》第293条第1款第1—3项所规定的情形。

另外，其实施的不当行为似乎有恐吓他人的嫌疑，但依据该条规定，相应行为必须达到情节恶劣或者情节严重，才构成犯罪。而依据最高人民法院、最高人民检察院《关于办理寻衅滋事刑事案件适用法律若干问题的解释》(法释〔2013〕18号)之规定，陈某生的行为根本未达到该司法解释所规定的情节恶劣或情节严重的程度，而且本案事出有因，绝非无端生事，因此陈某生不构成寻衅滋事罪。

(4)本案事发地为乡村道路，并非交通要道，也不属于《刑法》第293条第1款第4项所规定的“公共场所”，陈某生的行为更未“造成公共场所秩序严重混乱”，不构成寻衅滋事罪。

依据最高人民法院、最高人民检察院《关于办理寻衅滋事刑事案件适用法律若干问题的解释》(法释〔2013〕18号)第5条之规定，在车站、码头、机场、医院、商场、公园、影剧院、展览会、运动场或者其他公共场所起哄闹事，应当根据公共场所的性质、公共活动的重要程度、公共场所的人数、起哄闹事的时间、公共场所受影响的范围与程度等因素，综合判断是否“造成公共场所秩序严重混乱”。而当晚事发地位于乡村道路，非交通要道，更不属于本条解释所列举的任何一种或者类似的公共场所，因此，也不存在“造成公共场所秩序严重混乱”的情形。另外，造成砂场经营秩序受影响的实际上是陈C等三人的堵路行为，该行为与陈某生无关，也因此，陈某生的行为也不符合《刑法》第293条第1款第4项所规定的情形，不构成寻衅滋事罪。

（二）2017年12月31日发生的村民破坏采砂船等行为以及之后发生的与砂场谈判沟通等，陈某生未参与、不知情，直到2018年清明节回家时才知道有此事，故此事与陈某生无关

1. 本案现有证据无法证明陈某生参与了12月31日在砂场办公室闹事、破坏砂船等行为。

依据陈某生的供述，在2017年12月31日当日上午，其和妻子带着孩子一同搭车前往惠州第一妇幼保健院给小孩看病，对于当天发生的村民破坏采砂船等事件并不知情，更没有参与，直到2018年清明节回来才听说此事。

本案其他主要涉案人员，除了王某之外，没有人供述

称陈某生上采砂船，也没有任何涉案人员供述称陈某生有在办公区闹事或有破坏砂船行为。

本案的视频资料、现场照片等客观证据均无法证明陈某生参与了2017年12月31日上午村民的活动。

本案唯一证明称陈某生第二天存在不当行为的，仅为几个砂场员工的辨认笔录，但这些辨认笔录并未明确指明陈某生具体实施了什么行为，仅为概括的辨认，其可信度极低。同时，这些指认陈某生的员工所做的相应的询问笔录也无法与其辨认笔录相互印证，其在询问笔录中提到的实施不当行为的人明显不是陈某生，而是另有其人。

因此，本案现有证据无法证明陈某生参与了12月31日在砂场办公室闹事、破坏砂船等行为。

2. 据陈某生家属向辩护律师反映，家属能提供证据证明陈某生确实在2017年12月31日当日上午未参与村民在砂场办公区及采砂船的行为，而是确实与妻子前往惠州给孩子看病，建议贵院对这些证据予以核实，或贵院建议侦查机关查证核实。

陈某生的家属在陈某生的手机内发现了陈某生在2017年12月31日上午的两笔支付记录，如能查明这两笔支付记录发生的交易对象与交易地点，则能证明陈某生当日行程。

此外，陈某生的妻子在其自己的手机中发现了当天从医院返程时打车的支付记录（付款时间显示为当天13时04分42秒），以及在此前与此后的微信支付记录，而且其能提供当天给小孩看病的病历资料，如能核实上述证据，则能证明陈某生是否参与了在砂场办公室闹事、破坏砂船等行为。

三、如有其他证据表明本案部分村民确有不当行为，也属于民间纠纷引起

本案并未造成社会秩序的破坏，最多属于应受到治安处罚的违法行为，而不属于刑事犯罪，不应当作为刑事案件处理，且也无任何证据表明陈某生有参与或实施上述行为。

本案涉案采砂场与村民之间的纠纷由来已久，根据本案多名涉案人员供述，采砂场经常采砂运砂，导致村里的一条重要乡村道路经常泥泞难行或灰尘很大，造成村民交通出行严重不便，村民曾多次交涉未果，这是采砂场与村民之间的主要纠纷，而该争议一直没有得到有效解决。

在2017年12月30日发生了村民被撞的交通事故，是当晚部分村民赶往事发现场的直接原因（且均不知情是碰瓷），其深层次的原因很明显也是采砂场与村民之间的由来已久的民间纠纷一直没有得到妥善解决。

2017年12月31日部分村民破坏采砂船的行为，实际上更是采砂场与村民之间的矛盾的直观体现。

上述村民的行为，其实际的行为对象一直都是某采砂场——在2017年12月30日晚是因为有村民被撞讨要说法，而2017年12月31日部分村民的行为如造成某采砂场的财产损失，也最多属于民事纠纷或者治安事件，并非涉嫌寻衅滋事罪。寻衅滋事罪是行为人为寻求刺激、发泄情绪、逞强耍横，采取毁损财物等方式，目的及后果是破坏社会秩序与社会安定，也就是说毁损财物是手段而非目的，而本案显然并非如此。

依据最高人民法院、最高人民检察院《关于办理寻衅滋事刑事案件适用法律若干问题的解释》第1条第3款之规定，行为人因婚恋、家庭、邻里、债务等纠纷，实施殴打、辱骂、恐吓他人或者损毁、占用他人财物等行为的，一般不认定为“寻衅滋事”，但经有关部门批评制止或者处理处罚后，继续实施前列行为，破坏社会秩序的除外。本案部分村民于2017年12月31日如实施了破坏采砂场财产的行为，明显是基于村民与采砂场之间的相邻权民事纠纷，其目的并非破坏社会秩序，其也并未造成社会秩序的破坏，最多造成了采砂场财产的损失，明显属于民事纠纷或治安违法案件，属于上述解释所规定的不认定为“寻衅滋事”的情形。

因此，本案不应作为刑事案件处理，且没有证据表明陈某生参与或实施了上述行为。

综上所述，陈某生的行为并不符合寻衅滋事罪的主客观构成要件，其既没有寻衅滋事的主观故意，也未实施寻衅滋事罪的行为，更没有造成社会秩序的破坏，不构成寻衅滋事罪。

律师建议：

1. 建议贵院要求办案机关向陈某生家属收集相关证据，查证核实陈某生2017年12月31日是否确实未参与村民在采砂场办公区及采砂船的行为，以还其清白。

2. 鉴于本案现有证据无法证明陈某生涉嫌寻衅滋事罪，建议对其不予起诉，以使无辜之人免受羁押。

此致

广东省××县人民检察院

广东某律师事务所

辩护律师：余安平 胡永升

2018年7月26日

（本案犯罪嫌疑人从寻衅滋事案件中拆出，检察院最终决定不起诉）

第四编

一审辩护

绝大部分的案件，都会进入一审程序。此时律师对于那些有无罪辩护“刚性需求”的案件，当然需要坚持无罪辩护。对于其他案件，则需要充分考虑如何减轻刑责。

第十九讲 | 法院阅卷

案件进入法院后，律师的第一要事，就是联系法院，提交委托代理手续并安排阅卷。如果说律师在检察院阶段，每次阅读只能看“侦查卷”，那么到了法院阶段则可以阅读全部“侦查卷”与“检察卷”。律师只有充分阅卷，详细了解案情，才能做出相应的分析与研判。

技术辩护律师在法院阶段的阅卷，如同检察院阶段的阅卷，既要出庭律师自己浏览全部卷宗，也要安排文案律师(如果没有文案律师则需要自己亲自完成)整理全卷并做摘要。文案律师在做卷宗阅卷摘要时，既要摘录要点，特别是时间、地点、人物、事件，还要进行证据“三性”的形式审查。证据形式审查的“三性”，是指证据来源合法性、证据收集规范性、证据表述完整性。至于关联性、充足性、逻辑性，那属于实质审查，比起形式审查层级更高。

法院阶段的阅卷，第一步是卷宗摘要，第二步是案情归纳，第三步则是细节分析。所谓案情归纳就是从卷宗摘要中以时间为主线,列明发生了什么。案情归纳属于文案律师的工作范围,但出庭律师需要详细核对文案律师的归纳是否有疏漏。此时的案情归纳应当避免任何细节被忽略,因为许多关键的辩护意见就来自案件细节。

所谓细节分析,则是在案情归纳的基础上,按照公诉机关的思路去推演本案的有罪逻辑。“像检察官一样思考”,这才知道本案有罪推演的重点在哪里,难点在哪里,疑点在哪里。技术辩护律师需要先把自己看成“公诉人”,这才能清楚本案定罪的关键要素在哪里。

按照“有罪推定”逻辑,寻找证据充分论证。如果存在“思维跳跃”,那么就说明本案存在无罪辩护空间。律师辩护要求实证精神,否则,任何猜想都可能从“巧合”变成“巧祸”。

按照公诉人的逻辑寻找证据材料并做完推演后,技术辩护律师还需要按照辩护人的逻辑寻找证据,再进行一次逻辑推演。这次的逻辑推演分为3个部分,即“无罪推演”“他罪推演”“轻罪推演”。许多律师忽视文案律师的作用,但其实文案律师的各种摘要、归纳、分析,是可以直接为出庭律师提供技术支持的。

出庭律师提出问题,文案律师分析问题并提出建议,出庭律师做出决断,这才是经验与知识的“黄金组合”。

孙子有云:“夫未战而庙算胜者,得算多也,未战而庙算不胜者，得算少也；多算胜，少算不胜，而况于无算乎？”律师在法院开庭前的阅卷，其实也是一种“庙算”，需要列出支持公诉人的“不利因素”与支持自己的“有利因素”，全面进行“比对”，最后得出相应的结论。

按照公诉人思维推演时，就是考虑现有证据能否支持有罪认定及重罪认定。按照辩护人思维推演时，才去考虑公诉人的有罪推定是否存在疏漏，是否存在“猜测”环节，是否存在“思维跳跃”。我给学生授课时就提出，法律人应继续坚持实践思维，不要去猜测，法律人需要直接去实践、去查看。

我曾办理了河南叶某在河源某县的故意伤害案件，5位保安员把来娱乐场所“闹事”的受害人打成重伤。家属在开庭前才找到我。

我阅完卷，发现本案故意伤害致人重伤证据确凿，我们只能采取轻罪辩护方案。既然娱乐场所的负责人愿意赔偿，那么赔偿受害人走刑事和解的道路，不失为一种解决方案。保安制止受害人“闹事”属于职责行为，他们虽已报警，但在警察赶到现场之前也有义务维护现场秩序。他们在制止受害人“闹事”过程中造成了受害人重伤，固然是制止的方式、方法不当，但与普通的殴斗行为或者故意伤害行为应当有所区别。因此，本案的辩护方向应该是“双管齐下”，一方面充分揭示受害人自身存在重大过错，从而减轻5位保安员的责任；另一方面促成刑事和解，从而为争取缓刑奠定基础。

家属听完我的阅卷分析，很快就形成了统一意见。与娱乐场所负责人商讨后，负责人也愿意与受害人刑事和解，并要求其他几位律师与我配合辩护。通过与受害人家属沟通并向其致歉，受害人与家属很快接受了刑事和解。受害人与家属对谅解书提到受害人过错的字句有些不满，但经我仔细解释后也表示接受。

我制作好一式三份的刑事和解协议书、谅解书，让受害人签名盖指模，然后公司财务转账办理完成。最后，我把这些材料交给主审法官，向他询问是否可以争取缓刑。主审法官表示既然受害人没有异议，本案理论上可以判缓刑。我随即把沟通情况向家属与娱乐场所负责人汇报，并做好准备等待开庭与判决。

本案庭审也很顺利，我提出判处缓刑的量刑建议。一方面判处缓刑有利于缓和社会矛盾，便于被告人顺利回归社会；另一方面几位被告人都是转业军人出身，他们为国家做过贡献，只是在履行保安员职责工程中因为经验不足而造成了悲剧后果，主观恶性不大。

法官问检察官对判处缓刑有什么意见？检察官表示尊重依法法院判决，他们没有意见。本案最终5名被告人都判处缓刑，其中第一被告人即保安队长判得最轻。

技术辩护律师在法院阅完卷，就应该很清楚本案的发展方向，知道自己“想干什么”“能干什么”，这才能有的放矢。对于那些有无罪辩护空间的案件，当然需要无罪辩护到底。对于那些明显有罪的案件，律师就需要及时寻找出路，切忌“情况不明决定大”“方法不对办法多”，那样只能导致案件辩护结果的恶化，与辩护实效南辕北辙。

办理有受害人的案件，一则通过“刑事和解”，获得受害人或其家属的谅解；二则解释“被告人不是真凶”，缓解受害人及其家属对被告人的敌意。阅完卷后，律师就应该把自己的辩护策略详细告诉家属，并安排他们做一些辅助工作。

刑事和解，需要带着家属一起去的，就应该安排家属及时前往。能够在庭前做好相关手续的，也需要电话告知主审法官，这不仅是对主审法官的尊重，也是方便庭后沟通时说服主审法官作出缓刑判决，甚至作出免于刑事处罚判决。

另外，律师切忌把卷宗材料出示给家属，可以让他们浏览律师的法律意见书等材料，但不要让他们带走，更不能对外散发。这既可以向家属展示律师辩护尽职尽责，也可以避免泄露案情。律师需要妥善保护自己，这才能有效服务他人。

律师这次阅卷需要带着“发现问题，解决问题”的想法去深入，发现需要举行庭前会议的，需要调查新证据或者重新鉴定的，需要申请证人到庭的，都应该于庭前与办案法官进行沟通。

在法院阅卷过程中，律师需要有效查明基本案情，准确研判案件的逻辑发展方向，从而提出相应的对策。刑事辩护，功夫在庭外，卷宗阅读分析能力才是技术辩护律师的“看家本领”。

第二十讲 庭前会见

案件进入审判阶段，律师应该及时安排会见被告人。技术辩护律师应当两次会见被告人：一次是阅完卷后，另一次是开庭前。当然，如果存在“审辩交易”的必要妥协，则律师需要安排第三次会见。

第一次会见，是与被告人核实案情，并完善辩护策略。

第二次会见，是预演开庭。

第三次会见，则是与被告人商量要不要妥协、应当如何妥协。前面两次庭前会见，直接关系到庭审效果。

能否有效发挥律师的辩护效果，在很大程度上取决于会见时的沟通范围与沟通质量。

技术辩护律师从法院阅完卷后，不仅需要制作阅卷摘要，而且要制作询问提纲、质证提纲、辩护提纲，形成本案较为成熟的辩护策略与辩护意见。

询问提纲即庭审中需要询问被告人及同案

犯的问题，便于查明案情。质证提纲即对公诉机关提交的全部证据审查其来源合法性、取证规范性、内容完整性与案件关联性、理由充足性、逻辑吻合性。我把这些质证规则简化为“三斧头半”，即“你凭什么取证”（法律依据何在）、“凭什么你来取证”（取证主体资格）、“凭什么这样取证”（取证程序是否规范）、“凭什么是这个结论”（结论是否具有唯一性）。辩护提纲其实是法庭辩论的指引，其中，辩论要点、相关证据、法律依据、参考案例都要准备好，“手中有粮心里不慌”。

许多律师认为法庭上的辩论才是辩护律师最有价值的服务，其实技术辩护讲究“台上一分钟，台下十年功”，庭审之前的案件材料准备直接决定着庭审效果。对于重大疑难案件，技术辩护律师更需要组织疑难案件分析会。通过这种分析会，判断公诉机关会如何进行有罪论证、律师应该如何有效拦截，甚至要考虑法官会如何取舍。一些知名律师事务所设有模拟法庭，这种模拟法庭在法院阅卷后很有效果，尤其是这些律师事务所中有检察官、法官出身的律师参与模拟，可在一定程度上为律师辩护提供新的思路。不过，某些律师事务所竟然在接到案件委托时就采用“模拟法庭”的形式来说服委托人“我们很专业”，窃以为不妥。没有充分阅卷的这种“演示”，此举往往“形式大于内容”，缺乏实事求是精神。

律师第一次庭前会见，应该带着阅卷材料过去。如果律师在审判阶段才代理案件，则庭前第一次会见其实就是整个案件的第一次会见，这时就要求被告人在授权委托书上签名盖手印等“程序工作”也需要“过一遍”。卷宗不多的，律师需要带着全部卷宗与阅卷摘要一起去会见，向被告人核实全部案件信息。卷宗比较多的案件，律师需要带上关键卷宗与阅卷摘要去会见，向被告人核实关键案件信息。技术辩护律师两人一组，一个负责询问被告人，另一个负责记录，当然负责记录的文案律师或律师助手也可以补充提问。

这次会见需要落实辩护方向，究竟是无罪辩护还是轻罪辩护。如果是无罪辩护，则需要被告人坚持认定自己无罪，即使被告人认罪律师仍坚持无罪辩护。如果是轻罪辩护，则需要告知被告人本案有哪些从轻的辩护理由，可能出现的后果是什么。

律师一定要根据检察院的量刑建议书，分析案件可能出现的几种情况，“存最好的希望，做最坏的准备”。技术辩护律师切忌误导被告人，做一些脱离实际的设想。此时一定要实事求是，让被告人清楚自己的实际状况。

我曾办理重庆毛某故意伤害致人死亡的案件。法院阶段我第一次会见时明确告诉他：现有证据足以说明你到了案发现场，你当初在公安机关做出的有罪供述，也表明你有持刀砍杀受害人王某的行为。因此，本案你要清楚无罪是不可能的，你需要有心理准备。公诉人的量刑建议书，要求判15年有期徒刑、无期徒刑或死刑，认为你手段极其残忍、后果极其严重。按照律师以往的办案经验，法院判决你无期徒刑或者死刑缓期执行的可能性最大，我们需要争取判处有期徒刑，避免判决死刑立即执行。

毛某知道本案只要认罪就是重罪，因此他一直不愿意认罪。我说本案中你一定要同意赔偿受害人家属，毕竟受害人王某10年前遇害时，他的孩子还小，吃了不少苦。毛某同意在力所能及的范围内赔偿受害人家属，我表示会把毛某的意见转达给他的家属。我还跟毛某说，本案律师做无罪辩护只是一种策略，你要清楚自己必然要承担有罪的判决结果。

开庭前一天，我还去看守所会见毛某，为第二天的庭审做准备。我先告诉毛某第二天庭审的流程，法官会怎么做，检察官会怎么做，律师会怎么做。然后我告诉毛某说，询问被告人阶段可能会问他哪几个问题，要他清楚本案的关键在于缺乏直接证据，同案犯指认他在案发现场，但没有人能够明确现场看到他持刀或者手持砖头袭击受害者。我询问被告人毛某，是否有其他辩护意见需要补充，他表示没有。

我随后要求他清楚自己的处境，要求他第二天开庭要端正态度，不能急躁不能冲动，你是出庭“讲道理”的，不是出庭来“吵架”的。本案的关键在于两个方面：一方面是律师能够质疑检察官的有罪指控，特别是在庭审中暴露“直接证据不足”的问题；另一方面是被告人能够让法官、检察官认识到他不是在“狡辩”。只要能说服主审法官本案存在证据上的疏漏，尤其是直接证据不足，那么即使法院会作出有罪判决，也会相对而言“从轻发落”。

本案最后，法院驳回律师无罪辩护，认为被告人毛某构成故意伤害罪，判处有期徒刑15年。

我曾办理了某县义乌小商品城火灾案，面对17人死亡、10人失踪的严重后果，小商品城的开发商、物业管理公司等主要负责人都被起诉到法院。鉴于本案属于在全国具有重大影响的案件，不仅引起央视等媒体关注，也引起当地政府的关注，这就使得律师的辩护需要兼顾平衡。

我在庭前会见被告人钟某时，一方面告诉他，本案他确实很冤，我也会坚持无罪辩护，认为本案是人为纵火引发，是被“点燃”而不是“自燃”，因此本案定性错误，应该是放火罪，且该故意犯罪阻却了被告人的刑事责任；另一方面因为放火罪的行为人不满14周岁，达不到追究刑事责任的年龄，法院会对本案被告人作出有罪判决，只是判决轻重的问题。

我要求钟某在庭审中做到两点：一是如实陈述，让检察官、法官看到被告人的诚意，也让旁听的群众知道现场的情况不是你们能够控制的；二是诉说委屈，只谈事实只谈自己的委屈即可，剩下的都是律师的辩护工作。本案虽然能知道被告人相对“无辜”，但在群情激昂下，即使律师做出无罪辩护甚至否定公诉人的全体指控，法院也很难作出无罪判决。

律师庭前会见不仅是与被告人见面，更是确定庭审辩护的最终方案，还需要告知本案可能出现的情况，让被告人做好心理准备。

技术辩护最大的优势就是实事求是，“有一分证据，说一分话”，从公诉人的有罪论证中，找出“二次延伸”的部分予以否定。庭前会见则需要使被告人明确如何与自己配合，让他们注意如何向法庭展现自己的真诚。

被告人在庭审中最大的忌讳是“撒谎”与“狡辩”，这甚至会引起法官对律师辩护工作的猜疑。好的技术辩护律师，需要是一位“心理学家”，才能更好说服法官。

第二十一讲 庭前约谈

技术辩护律师在完成了阅卷、会见两件任务后，就应该约谈主审法官。约谈的目的有4个方面，那就是要不要举行庭前会议；要不要提出程序异议，如管辖权异议、回避申请、非法证据排除；要不要申请证人或者办案人员到庭；有没有新的证据提交法庭。第二项工作，其实都可以在庭前会议中完成，但需要与主审法官商量清楚。

律师切忌对主审法官“突然袭击”，要尊重法庭。那种开庭时突然过来参加庭审的律师，或者突然袭击提交证据或者申请的律师，很容易被猜忌。明明可以堂堂正正辩护赢得专业尊重，何必采取“小手段”让人疑忌底气不足？

技术辩护律师可以直接拨打法官电话，或者与法官助理商量需要约谈主审法官，并告诉他们自己可能要当面向法官陈述的话题，让法官有所准备。

律师去见主审法官，可以带上搭档或者助

手，需要准时到达，且穿戴整齐。这不仅是商务礼仪，也是职场礼仪。

约谈法官时，建议带上法律意见书以及各种申请书，方便交流时提交给法官参考。技术辩护律师要避免法官受检察官起诉书的影响“先入为主”，比较好的方式是让法官尽快拿到我们的法律意见书。能够与法官商量当场解决的，如：要不要申请回避，要不要提出管辖权异议，要不要排除非法证据，都可以在约谈的场合予以解决。技术辩护律师不是不提管辖权异议、回避申请，但他们只是在“有利、有理、有力”三原则的基础上提出，如果不符合“有利原则”或者不符合“有理原则”，则尽量避而不谈。

技术辩护律师区别于其他辩护风格的律师，不在于他们是否尽职尽责辩护，而在于是否把“有利、有理、有力”原则贯穿辩护全过程。他们的一切辩护手段，都是以说服办案机关为前提，而不是以制造对立情绪为要求。技术辩护律师引以为傲的是自己的技术水准，当然也包括说服技术。

用别人容易接受的方式，摆事实讲道理，说服他们，让办案机关清楚本案存在证据不足的情况。

我曾办理了湖南王某非法经营罪一案。王某被控参与印刷“六合彩”报纸数量巨大，案件前期错过了无罪辩护的良机，律师只能直接组织最艰难的审判辩护。阅完卷并会见被告人后，我们约见了主审法官，向法院提交了

《王某不构成非法经营罪法律意见书》。我们提出王某只是普通的打工人，每月的薪酬也是本地正常工资标准，不具有牟取暴利的非法占有目的。王某老家远在山村，初次来广东打工，他的社会经验与知识结构不足以让他“主观明知”所从事的印刷“六合彩”报纸行为具有非法性，他只是按照所在企业的要求开展工作，王某不应该被认定构成非法经营罪。

我还补充提出，即使有其他证据认为王某涉嫌犯罪，但王某在整个“六合彩”的非法活动中所处的地位极低，作用极小，建议法院依据“情节显著轻微、危害不大”作出不认为是犯罪的决定。我还补充说，非法经营罪中有不少被告人值得同情，如果能够考虑到他们的实际情况，也是“情理法”的融合。

主审法官没有采纳我们的意见，认为这些需要通过开庭审理来查明事实。主审法官还表示，会充分考虑律师的意见，也会去提审被告人王某，进一步了解案情。

开庭时我当然坚持无罪辩护，但到了量刑建议时我则主张本案判决 1 年内有期徒刑或者缓刑。公诉人了解我这种“骑墙式辩护”，坚持在 2 年 6 个月到 3 年 6 个月量刑。本案中，我代理的第一被告人判处了缓刑，其他 3 名被告人也判处了缓刑。

律师拿着无罪辩护的证据去争取轻罪判决，唤起法官对被告人的理解式同情，往往比“死磕到底”或者“认罪服判”效果更好。只有让法官意识到辩护律师有证据组织无罪辩护甚至无罪上诉，才能更妥善说服法官轻判。

律师约谈主审法官，是一种良性互动交流，甚至可以与法官商量案件程序，介绍辩护方向。法官提出一些简化的解决方案，只要能够维护被告人合法权益，律师也可以接受。我在深圳市中级人民法院办理的张某网络诈骗2435.5万元案，就是在与主审法官沟通时，法官提出，我可以不用提出非法证据排除程序，我可以在质证阶段提出该电子证据的无效性，这样既可以直接开庭避免另行举行庭前会议增加审判工作量，也可以充分保障被告人诉讼权利。我对法官提出的该解决方案表示理解，只是要求他充分注意到2435.5万元的电子证据取证主体不适格、取证程序不合法这一情况。

在此案件庭审过程中，法官多次询问公诉人论述2435.5万元的电子证据怎么来的，要求公诉人举证该金额与被告人张某存在什么关系，张某是否要对整个贵重金属平台的涉案金额负责。

小胡律师在庭审后说，或许我们的法律意见书让法官觉得有道理，法官也同情被告人张某，毕竟人家只是平台打工的，不知道该平台可能涉嫌犯罪。对于该案最关键的证据2435.5万元电子证据，法院不予采信。法官也没有作出无罪判决，而是以张某的账户被转入16万元为由作出了1年半的判决。检察官没有抗诉，被告人也没有上诉，本案取得了不错的辩护效果。

技术辩护遵循技术中立，主张用技术说服办案机关，这也就意味着律师需要重视每次可以增强说服力的有效沟通，不浪费每一次与办案机关倾心交流的机会。我们尊重办案机关，不仅是因为他们的国家机关代表着公权力，而且是因为我们骨子里都是法律人，公平正义是我们共同的追求。只有尊重他人的律师，才会得到办案机关的尊重。“有理不在声高”，我们把辩护意思完整表达出来了就好，无须采取可能引起对方误会甚至反感的举动。

上次老朋友曾献猛律师半开玩笑半认真说，他当年做老师时教的多是调皮捣蛋的学生，因此，他更多是气势汹汹逼着学生认真读书。所以后来曾老师变成曾律师，办案也是气势汹汹逼着办案人员讲道理。我当年做老师时，学生都是自觉学习，我只需要上好课就行，甚至不需要维持课堂纪律。我的专业素养，对他们而言就是说服力。后来改行做律师了，我还是当年教书的“老习惯”，我的专业就是很好的说服力，因此我只需要提高技术辩护能力即可。

也许我们都是经验主义者，今天只是昨天的延续。我们今天的工作方式里，有我们读过的书，有我们遇到的人，有我们走过的路。让别人听懂我们的思路，感受到我们的专业，就是说服力。

第二十二讲 庭前会议

技术辩护律师完成阅卷、会见与约谈主审法官后，就应该申请召开庭前会议。庭前会议是将那些可能影响庭审进程的工作，放在开庭前予以处理。

无论是管辖权异议、回避申请还是非法证据排除，都应当在庭前会议上提出，这也是避免辩护律师“突然袭击”的缓冲环节。对于复杂的案情，则需要通过庭前会议完成证据交换工作，避免质证迁延日久。

《刑事诉讼法》第 187 条第 2 款规定：“在开庭以前，审判人员可以召集公诉人、当事人和辩护人、诉讼代理人，对回避、出庭证人名单、非法证据排除等与审判相关的问题，了解情况，听取意见。”这说明庭前会议用于解决回避、证人出庭、非法证据排除等程序性问题。

技术辩护律师应当将自己的程序性请求通过庭前会议提交给法院，这既是对法院的尊重，也是高效处理案件审理问题的方式。律师对于那些有理有据的申请，都应该在与主审法官沟通后反馈到庭前会议上。当然，如果法官愿意通过质证方式来完成对非法证据的排除，律师也可以表示理解和接受。

2017年最高人民法院颁布了《人民法院办理刑事案件庭前会议规程（试行）》《人民法院办理刑事案件排除非法证据规程（试行）》《人民法院办理刑事案件第一审普通程序法庭调查规程（试行）》三项规程，全面规范了庭前会议与非法证据排除、法庭调查等程序性规定。人民法院“对于证据材料较多、案情疑难复杂、社会影响重大或者控辩双方对事实证据存在较大争议等情形的，可以决定在开庭审理前召开庭前会议”，律师办理的大案要案基本都存在庭前会议，这要求控辩双方交换主要证据，并明确双方存在争议的要点，从而提高举证与质证效率。

庭前会议需要解决9个问题，即管辖权异议、人员回避、是否不公开审理、非法证据排除、提供新证据、重新鉴定或者勘验、调取未随案移送的证据材料、调取新证据、申请有关人员出庭。技术辩护律师既要申请举行庭前会议，也要充分利用好庭前会议提供的便利，有效提高辩护质量。技术辩护需要高度谨慎地提出管辖权异议、人员回避申请，这两种都属于“双刃剑”，不能随意使用。

律师应当尽量争取公开审理，公开审理允许旁听甚至网络直播，有利于推进案件依法依规、有理有据地办理。申请证人、鉴定人、侦查人员出庭也是“双刃剑”，该出庭人员极有可能做出对被告人不利的陈述，因此律师需要与被告人充分沟通后做出决断。有专门知识的人出庭，也需要与该专业人士充分交流，清楚哪些方面可能对被告人不利。至于其他几项，律师需要充分提出申请，对各种证据予以甄别、补充，申请证人或办案人员到庭，申请有专门知识的人出庭，且只要条件允许都应该选取更专业、权威的人士。

技术辩护很大程度上就是证据辩护，因此律师需要坚持“两个凡是”：凡是律师不方便自己取证的，都应当申请法院取证；凡是出庭有利于被告人或者对被告人不会更不利的，都应当申请相关人员到庭或者出庭。“一个好汉三个帮，一个篱笆三个桩。”技术辩护律师少不了帮手，特别是具有专门知识的帮手。

我曾在某重大火灾案件中申请举行庭前会议排除非法证据，就是一位消防公司的负责人让他的总工程师告诉我如何质证，虽然他不方便出庭作证，但他可以告诉我如何切入。这些年来我经常与法医、工程师、会计师、医师甚至网警朋友进行交流“切磋”，其实就是借助他们的专业知识，来补充自己的“短板”。

我之所以能从现场证据中发现新结论，并借助这些新结论为我的委托人争取更大的权益，很大程度上是因为一位老法医对我的教导。

我曾在茂名办理了王某等制造贩卖毒品 523.4 公斤

案件，本案因为“证据材料较多、案情疑难复杂、社会影响重大”举行了庭前会议。法官要求公诉人与辩护人在庭前会议上对程序性问题与非法证据排除问题交换意见，并列举存在争议的证据。对于这类案件，律师当然没有必要在审理程序上浪费太多精力，而应把重点放在证据来源合法性、取证程序规范性上。

我一直主张对于“认罪即重罪”甚至“认罪即死罪”的案件采取无罪辩护策略，因此该案庭前会议上我们对各种可疑证据都提出了非法证据排除。我还要求检察院出示全程录音录像并按照“五个当场进行”的要求，举证说明证据收集的规范性。

该案毕竟数额特别巨大，我们真实的辩护目的是“保命辩护”，因此无罪辩护更多是一种策略。不过，庭前会议上主攻非法证据排除，也很大程度上暴露了该公诉机关所提交证据的漏洞。虽然这些漏洞并不足以否定犯罪事实的客观存在，但也让法院意识到本案不能做到证据确凿，为律师最后争取到免于死刑奠定了基础。

我们没有“上帝视角”，也不在案发现场，因此只能高度依赖侦查机关收集的证据来判断现场发生了什么，而不能主观臆断。律师提出非法证据排除，只要言之成理，即使没有被法院接受并排除该证据，也足以为后来的质证乃至二审、死刑复核创造条件。

技术辩护对于各种核心证据都应该全面审查，特别是司法鉴定。大量司法鉴定机构没有完全按照程序操作，这就使其鉴定意见具有可疑性。无论是法官还是检察官，他们都不是鉴定领域“有专门知识的人”，他们熟悉的是法律与案例，他们很容易过于信任司法鉴定意见。只要律师能够从形式审查甚至实质审查上，否定司法鉴定的可靠性，就能够动摇他们的“内心确信”。庭前会议上，只要有司法鉴定，律师都应该尽量去质疑鉴定意见，要求重新鉴定。

我曾与同事一起办理了某青少年矫正辅导学校校长、辅导教师分别被控非法拘禁致人死亡与过失致人死亡案件。我们一直坚持无罪辩护，认为该少年是自身糖尿病晚期发病死亡，与矫正辅导学校的教学行为无关，且司法鉴定的委托程序、检材来源都不符合法律规定，我们一方面质疑该鉴定意见，另一方面要求重新鉴定。第二次鉴定时，我们继续质疑，因为第二次鉴定的司法鉴定机构在资质上低于第一次鉴定的司法机构，也不符合相关规定。本来我们最终的主攻方向并非司法鉴定意见，但鉴于法院对司法鉴定的依赖性，我们也把推翻司法鉴定意见作为重点方向。如果司法鉴定意见被推翻，当然会增加公诉人有罪指控的难度，但律师也要选择多个“攻击点”；除非某一个“攻击点”足以推翻整个有罪指控，比如，我曾办理的“两万斤死猪肉”案件，因为缺少称重笔录被律师“一击成功”。

律师参加庭前会议，应该严格按照法定程序提出申请并发表意见，这既是律师的专业素养的体现，也是律师尊重法庭的体现。经常有律师在开庭时才提出非法证据排除，甚至在庭审时才提出管辖权异议、回避申请，这其实并不十分明智。

2017年引发律师界热议甚至辩护律师被处罚的“杭州保姆纵火案”，如果律师要求举行庭前会议并书面提出管辖权异议申请，以及提前要求调取火灾现场录像资料与消防资料，也就不会引起法庭的抵触。律师需要懂得如何使用程序性规则。

我曾在河源办理谢某组织卖淫案时，主审法官曾言，最初我提出非法证据排除、申请证人到庭与侦查人员出庭时，他们认为我是“死磕律师”，还制定了相关预案。后来开庭时发现我竟然没有提管辖权异议、回避申请，才改变了当初的看法。

这也说明律师提出的管辖权异议、回避申请，除非能理由充足且有利于被告人，否则还是不提为好。即使要提这些，也应该在庭前会议中解决。我两次提管辖权异议，都是严格遵循“有利原则”与“有理原则”，对当事人有利而且能拿出法律依据。

技术辩护律师提出管辖权异议，最好是在审查起诉阶段，那时律师已经完整阅卷，可以在与经办检察官约谈时提出来，此时也最容易说服他们。如果是法院阶段才接受案件，律师需要在约谈主审法官时就提出管辖权异议甚至回避申请，尽量不在法庭上“剑拔弩张”。律师关心的应该是“实效”，而不是“热闹”。

第二十三讲 庭审辩护

如果说侦查辩护的“高潮”是批捕辩护，审查起诉辩护的“高潮”是起诉辩护，那么一审辩护的“高潮”则是庭审辩护。案件移送法院后，审前辩护阶段终结，律师需要为庭审辩护做各种准备。

虽然理论上法院可以在开庭前建议检察院撤诉，甚至检察院也可以主动申请撤诉，但实践中，案件移送法院后必然是要经历庭审阶段才能决定其最终走向。律师可以尽量争取案件不进入庭审阶段，但律师必须准备案件进入庭审阶段，甚至应对法官不采纳律师辩护意见时的解决措施。

技术辩护律师完成阅卷、会见、约谈、庭前会议，就已经为庭审辩护奠定了基础。技术辩护，如同兵法中的“技术派”，注重的是在正式辩护开始前做好各个方面的准备与筹谋。临阵经验只是提高执行水平，并应对突发事件。技术辩护在庭审中可以细化为询问、质证、举证、辩论，出庭律师在文案律师的协助下，可以更全面有效地完成上述步骤。

律师询问被告人，不仅包括询问自己的被告人，也包括询问同案被告人。律师需要在庭前设计好询问提纲，预判被告人特别是同案被告人的回答。律师切忌诱导性询问，但他们可以“伏笔式询问”。律师能够把同案犯引导到自己轻罪辩护甚至无罪辩护领域，当然需要优质的询问技术。

我曾办理过卡车司机张某运输假烟的案件，张某的家属直到庭审阶段才找律师。我发现指控张某明知所运输烟草系假烟的，只有他自己的供述。因此询问时，我连续问了他 5 个问题：车上货物是你装箱吗？老板告诉你车上运送的是假烟吗？你听到老板对别人说车上运的是假烟吗？运输途中你与另一名司机打开了车厢发现是假烟吗？你凭闻气味能确认车上运送的是假烟吗？张某都做了否定回答，我立即补充第 6 个问题，那你如何知道车上是假烟？张某回答说，被公安机关拦车检查时自己被告知车上是假烟，他才知道车上是假烟。

我要的就是这种效果，这也就排除了张某主观明知车上是假烟。张某的同案犯说张某知道车上是假烟，我把刚才问张某的话再问了他一遍，还问他如何知道张某知道车上是假烟，他说自己是猜的。本案虽然最终没有争取到无罪判决，但以非法经营罪判处 7 个月有期徒刑，也是对辩护效果的一种肯定。

律师质证与举证，是比询问被告人更重要的环节。我曾在办理强拆养猪场的妨碍公务案中总结出“三斧头半”质证理论，即“你凭什么拆我的养猪场”（法律依据何在）、“凭什么你来拆我的养猪场”（执法主体资格何在）、“凭什么这样拆我的养猪场”（执法程序是否规范）、“凭什么是这个结论”（结论是否具有唯一性）。我们把执法换成取证，则可以扩大到各种质证程序中，后面“半斧头”其实就是要求“唯一结论”，从而排除“合理怀疑”。各种证据，我们都可以提出“三斧头半”质疑，要求办案机关予以解答。如果是司法鉴定意见，则不仅需要鉴定机构有资质，鉴定人有资质，还要求“结论具有唯一性”，禁止任何推测。

律师举证，更多是通过检察机关或法院调取相关证据，或者向法院申请证人、鉴定人、有专门知识的人出庭。

最高人民法院《关于适用〈中华人民共和国刑事诉讼法〉的解释》第 91 条规定：“证人当庭作出的证言，经控辩双方质证、法庭查证属实的，应当作为定案的根据。证人当庭作出的证言与其庭前证言矛盾，证人能够作出合理解释，并有其他证据印证的，应当采信其庭审证言；不能作出合理解释，而其庭前证言有其他证据印证的，可以采信其庭前证言。经人民法院通知，证人没有正当理由拒绝出庭或者出庭后拒绝作证，法庭对其证言的真实性无法确认的，该证人证言不得作为定案的根据。”这说明证人出庭作证的证言具有优先性，除非庭上证言与庭前证言相矛盾且不能做出合理解释。证人可以在法庭上改变证言，但需要合理解释改变证言的合理理由。律师不需要引导证人如何表述，只要证人如实陈述就能从中发现破绽。

许多律师询问证人很成功，却发现自己询问的结果不被法庭采纳，关键就在于证人不能合理解释自己改变证言的缘由。侦查机关询问证人程序是否合法、主体是否适格、是否采取了必要的录音录像手段，都是律师在询问证人过程中应该查明的关键细节。

我曾办理了谢某组织卖淫案，其中一个关键因素，就是侦查机关未加处理行政执法程序中收集的证人证言，就直接作为刑事诉讼证据。最后，我们不仅申请证人到庭，而且对那些不能到庭证人的证言通过程序性辩护全部否弃。

检察官认为公安机关既是行政执法机关又是侦查机关，收集的证人证言可以直接在刑事诉讼程序中使用。我明确回应，《刑事诉讼法》第 54 条第 2 款规定：“行政机关在行政执法和查办案件过程中收集的物证、书证、视听资料、电子数据等证据材料，在刑事诉讼中可以作为证据使用。”即只有行政执法和查办案件过程中的“四种证据”可以在刑事诉讼中使用，不包括证人证言这些主观色彩较浓的言词证据。法官虽然最终没有用这条理由驳回公诉人的指控，但最终改变罪名轻判，也说明律师辩护发挥了作用。

技术辩护虽然最讲究书面意见，但法庭上有理有据让检察官“冷场”，也是律师技术辩护的内在要求，律师需要内外兼修。

如果说专业素养与文才是律师的“内功”，那么语言技巧和口才则是律师的“外功”。律师需要在法庭辩论中进一步阐述自己的辩护意见，让旁听群众特别是家属认识到自己的业务能力。

律师的辩护提纲，在法庭辩论阶段就要发挥作用。针对公诉人的有罪指控，律师已经在询问被告人与举证、质证阶段进行了“论据辩护”，那么法庭辩论阶段更多是“论证辩护”。如何把“论据辩护”阶段发现的破绽加以扩大，如何让公诉人的有罪论证出现逻辑裂缝甚至断裂，这就是技术辩护的法庭辩论需要完成的功课。

大家都知道议论文“三要素”即论点、论据、论证，其实律师的辩护也是如此。论点即被告人构不构成犯罪、轻罪还是重罪；论据是提交给法庭的全部公诉证据与被告人、辩护人提供的证据；论证则是如何通过证据来证明自己的有罪或无罪、轻罪或重罪观点。

我曾办理了邱某等“有认罪有退赃”的贪污案，当时我的同事都认为此案已成既定事实，不可能做无罪辩护。我则发现证据中存在漏洞。例如，每位被告人只做了一次笔录，那么只要被告人当庭翻供，则本案就失去了关键证据。此外，我发现本案更多是民事合同纠纷，政府拨款修水电站，承包公司工程审计的实际花费低于合同约定价格，岂能将两者差额当成工程人员伙同公职人员套取国家拨款的贪污款？法庭询问阶段我们就成功调动7名被告人翻供。

法庭辩论阶段我们拿出最高人民法院《关于建设工程承包合同案件中双方当事人已确认的工程决算价款与审计部门审计的工程决算价款不一致时如何适用法律问题的电话答复意见》，该电话答复意见明确规定："审计是国家对建设单位的一种行政监督，不影响建设单位与承建单位的合同效力。建设工程承包合同案件应以当事人的约定作为法院判决的依据。只有在合同明确约定以审计结论作为结算依据或者合同约定不明确、合同约定无效的情况下，才能将审计结论作为判决的依据。"

公诉人认为，被告人都认罪了，也退赃了，如何认定他不构成犯罪？我从容回应，被告人认罪，是他误以为自己有罪，他是否有罪应该是按照证据规则遵循法律规定来判定，并不是他认罪他就有罪；被告人退赃，是他误以为自己有罪，从而做出的错误举动，不能因为他误以为自己有罪而错误做出的退赃行为，就反过去证明他有罪。

被告人的罪与非罪，不取决于他是否认罪，更不取决于他是否认罪退赃。即使是被告人认罪退赃甚至认罪服判，只要现有证据不能证明他有罪，法院也有理由驳回公诉人的指控，做出无罪判决。

我发表完意见，法官立即宣布休庭。不久，法院通知我们拿裁定书，允许检察院撤回起诉。不料半年后检察院再次起诉，我们再次接受委托代理该案件，当然继续坚持无罪辩护。

法院最终判决坚持无罪辩护的 4 名被告人免于刑事处罚，而被辩护人说服放弃无罪的被告人判处缓刑。

第二十四讲 | 庭后交流

开完庭，律师的刑事辩护服务并没有结束，还需要庭后交流。许多律师眼中的刑事辩护就是开完庭，不仅没有审前辩护服务，也没有审后辩护服务，这就使律师的辩护效果大打折扣。技术辩护其实就是说服技术，只要法院的判决书没有签收，律师的辩护服务就不应该停止。

技术辩护律师庭后交流，较为充分的理由是提交书面辩护词或补充辩护词，并当面陈述意见。如果说那些把无罪辩护当成方向的案件无须庭后交流，那么其他各种案件，特别是把无罪辩护当成辩护方法以争取轻罪判决的案件，律师应当把自己的妥协意见作为庭后交流的重点。

辩护人在法庭上可以义正词严，但那更多是表现给公诉人看的，也是表演给旁听群众看的。能否妥协、如何妥协，才是成熟的律师需要与主审法官协商的。我是无罪辩护的拥护者，但绝大部分的无罪辩护更多是作为争取轻罪判决的手段。“能战方能言和”，只有在法庭上全面否定公诉人的有罪指控，才能有效说服法院做出更有利于被告人的判决。

技术辩护的文才体现在律师的法律意见书等文书上，技术辩护的辩才体现在庭审询问、质证、辩论上，技术辩护的口才则体现在与办案机关的沟通上。技术辩护，严格意义上是律师“三才”，即文才、辩才、口才的集中体现。技术辩护，并非一些知名律师那种“不会见不阅卷，庭审靠雄辩”模式，也不是一些资深律师“只要文才好，开庭不重要”，而是要求律师穷尽各种技术手段说服办案机关的一种辩护模式。再好的文才，法庭上不能有效发声，那就不能充分有效地展示辩护效果。即使你有文才与辩才，若不注意与办案机关的有效沟通，你的许多“表演性”动作也很容易被办案机关误解甚至曲解，那也无法有效争取办案机关作出更有利于被告人的判决。

“说服”是一门艺术，要注意方式与方法，站在受众的立场上思考。但“说服”更是一门技术，它要求好的口才，更需要充分向受众展示接受某种意见的“趋利避害”。

庭后沟通的有效性，在我办理谢某组织卖淫案中得到充分体现。该案一则公安机关取证程序错误，导致言词证据都要被否定；二则没有发生刑法上卖淫行为的直接证据；三则被告人拒不认罪，而且本案属于“认罪即五年以上重罪”的特殊情况，当然最适合无罪辩护。法官最初误以为我是“死磕律师”，因为我庭前申请证人到庭、侦查人员出庭、非法证据排除，还要求调取全程录音录像证明侦查机关没有“诱供”、“逼供”与“指供”。该案庭审结束后，法院迟迟不能作出判决，还多次让检察院补充侦查，此时，我约谈了主审法官。

主审法官表示认真看过我提交给检察院的法律意见书与提交给法院的法律意见书，前者对取证程序错误与鉴定遗漏只字不提，把后者作为辩护重点，一看就知道我特意避免提醒检察院补充证据。当然，主审法院也认为我作为辩护律师，这种做法是可以理解的。

我提出本案存在取证方面的错误，认为法院如果作出无罪判决，不仅有利于体现法院的主体地位，契合以审判为中心的司法价值，而且有利于督促侦查机关规范执法，促使办案机关提高业务能力，通过个案推动法治进步。

主审法官表示，该案被告人不是无辜的，只是侦查机关取证有误，这样的案件显然判不了无罪。当然，法院也会发建议书给办案机关，督促他们规范执法，再出现这种情况法院将直接不予认定。

我随后提出本案是否可以判缓刑，主审法官说是否判缓刑要由审委会判定。后来的结果是法院改变罪名，以容留卖淫罪作出了1年多有期徒刑的判决。

律师庭后交流，不仅是向法官陈述自己的辩护意见，尤其是强化法官对本案存在哪些证据漏洞的认识，而且是与法官商量案件如何处理能达到更好的效果。律师更期望被告人能够尽快释放；而法官固然比律师更关心真相以及公平正义，但他们也希望本案能够及时结案。

律师要说服公诉人不抗诉，就需要在庭审中充分展示自己的辩才与文才。如果公诉人理直气壮，辩护人哑口无言，这样的案件法官判决未达到公诉人的预期效果，检察院可能会抗诉。公诉人能够被辩护人驳得有理有据，法院就是作出较轻的判决，公诉人也不会有意见。要求被告人不上诉，当然是法院的判决适当的“轻”，律师则说服法官轻判并说服被告人服判。

律师能够说服法官，关键还是庭审表现。能够让公诉人和法官都佩服的具有专业精神的律师，更具有优势。律师庭后交流，则体现的是律师的敬业精神。

我曾办理了一位少年联合几位少年绑住自己奶奶抢劫的案件，该少年的奶奶谅解了自己的孙子，但该少年被判了实刑。我发现代理的同案少年犯有自首有立功（协助抓捕其他少年犯）情节，当庭要求法官作出缓刑判决。法官没有同意，我庭后去约谈主审法官，继续要求判缓刑，并晓之以理，动之以情，有理有据地阐述了观点。

这些“留守儿童”的遭遇确实值得同情，毕竟他们没人管教这才出现走上犯罪道路，法官最终表示愿意作出轻罪判决。但被奶奶谅解的那位少年都没有判缓刑，其他人判缓刑有些不合适。后来妥协的结果是"关多久判多久"，毕竟没有造成严重后果，还是以教育为主。

本地许多法官看到我办理法律援助案件，对我更加尊重，对我的辩护意见也更愿意听取。我一直建议律师包括从业 10 年以上的律师，应该每年办理法律援助案件。这不仅是改变办案机关对律师"收钱才办事"的固化见解的好机会，更是体现律师的社会价值。

当然，如果是法律援助案件，更应该尽职尽责辩护，各种法律文书、庭后交流都不能少，律师的专业素养需要通过敬业精神体现出来。

附录一

张某涉嫌诈骗罪辩护词

尊敬的审判长、审判员：

广东某律师事务所接受被告人张某家属的委托，指派我担任其涉嫌诈骗罪一案的辩护人。开庭前辩护人认真研读了起诉书，详细地查阅了本案全部卷宗材料，并依法会见了被告人，对本案有了比较全面、客观的了解，结合庭审事实，辩护人对公诉人指控被告人涉嫌诈骗罪有异议，认为认定张某涉嫌诈骗罪，事实不清、证据不足，指控依法不能成立，现发表如下辩护意见，请合议庭讨论时充分考虑：

一、被告人张某不知道平台是虚假的，因此其主观上不存在非法占有他人财物的目的，也没有采取虚构事实、隐瞒真相的方法骗取他人财物；其以为、也是被夏某告知其赚取的只是平台交易的手续费提成，公诉机关指控其对平台是虚假的是知情的，证据不足

公诉机关指控被告人明知平台是虚假的，只有两个证据予以证明，一是张某 2015 年 7

月22日在某田区看守所的讯问笔录中的供述与辩解；二是同案犯罪嫌疑人夏某在2015年7月29日于深圳市第二看守所所做的讯问笔录。辩护人认为仅以以上言词证据认定张某涉嫌诈骗，对平台是虚假的是知情的，证据不足，理由如下：

第一，张某除了2015年7月22日讯问笔录之外，无论是在此之前还是之后的讯问笔录中，以及在当庭的供述与辩解中，均否认自己对于平台是虚假的是知情的，认为自己不存在诈骗行为，其所赚取的仅是客户交易的手续费。其在2011年11月9日在深圳第二看守所的供述称："只是赚了客户交易的手续费，夏总让我拉客户到'久某珠宝'炒白银，客户在平台上交易就会收取手续费，每手交易是800元人民币，我分的客户的手续费70%，夏总分30%，之后我和我哥张某甲一共分了手续费共167,454元人民币，我得了其中的34,932元。"由此可知，张某被夏某告知，张某所赚取的是客户在平台交易的手续费提成，客户在平台上每交易一手，会收取800元的手续费，张某可分到其中的70%（560元）的手续费。因此，张某对于平台是虚假的并不知情，其被夏某告知、自己也以为自己赚取的是手续费提成。

第二，对于夏某在2015年7月29日于深圳市第二看守所的讯问笔录称张某知道平台是虚假的，因为"我同他在网上聊天的时候他都明确讲过他知道这些平台都是不正规的平台”,但是侦查机关并没有找到相关的网上聊天记录来予以佐证,也无法查实被告人张某曾经使用的QQ号码等,某田公安分局于2015年11月10日制作的《某田公安分局情况说明材料》中明确说明了这一情况:“犯罪嫌疑人夏某供述在QQ上明确和犯罪嫌疑人张某聊过平台都是不正规的。张某现供述不确定号码的QQ账号是其案发时所用。因没查扣犯罪嫌疑人张某所用的作案电脑与手机,且时间已久,无法调取聊天记录……”因此被告人夏某的说法并无其他证据佐证,无法形成完整的证据链。因此,以此无法佐证的言词证据来证明被告人张某对平台是虚假的是知情的,是构成诈骗罪的,明显事实不清、证据不足。

第三,对被告人张某以及同案犯夏某、朱某群的讯问依法应当同步录音录像却没有同步录音录像。《公安机关讯问犯罪嫌疑人录音录像工作规定》(公通字〔2014〕33号)第4条规定:“对下列重大犯罪案件,应当对讯问过程进行录音录像:……(五)其他故意犯罪案件,可能判处十年以上有期徒刑的。前款规定的‘讯问’,既包括在执法办案场所进行的讯问,也包括对不需要拘留、逮捕的犯罪嫌疑人在指定地点或者其住处进行的讯问,以及紧急情况下在现场进行的讯问。本条第一款规定的‘可能判处无期徒刑、死刑的案件’和‘可能判处十年以上有期徒刑的案件’,是指应当适用的法定刑或者量刑档次包含无期徒刑、死刑、十年以上有期徒刑的案件。”第5条规定：“在办理刑事案件过程中，在看守所讯问或者通过网络视频等方式远程讯问犯罪嫌疑人的，应当对讯问过程进行录音录像。”而本案侦查机关指控夏某、朱某群涉嫌诈骗数额特别巨大，可能被判处10年以上有期徒刑，并且对张某、夏某、朱某群等的讯问基本在看守所进行，侦查机关应当同步录音录像，却并未同步录音录像，因此，侦查机关的侦查讯问程序存在重大瑕疵，其所制作的讯问笔录证明效力存疑。所以，对于公诉机关在没有其他证据佐证的情况下，仅依据两份取证存在瑕疵的讯问笔录认定被告人张某对于平台是虚假的是知情的，辩护人认为明显事实不清、证据不足。

二、公诉机关指控被告人张某指示客户“在交易平台上购买贵金属”以及张某“通过控制虚拟交易平台上贵金属的涨跌达到让客户亏欠的目的”，证据不足、事实不清，张某并未登录过该平台更不会操作

公诉人指控被告人张某指示客户交易以及控制平台涨跌所依据的证据仅仅有同案犯夏某2015年7月29日于深圳市第二看守所讯问笔录所称“张某应该是有权限进入该虚拟软件平台”，但是“应该是”是一种猜测性的语气与说法，且并没有其他证据予以佐证。某田公安分局于2015年11月10日制作的《某田公安分局情况说明材料》中指出“无法对(平台)后台登录痕迹进行鉴定”，

张某在2011年11月9日在深圳第二看守所的供述则称其没有登录过“久某珠宝”平台,“不知道如何操作(平台)”,也从未供述过其登录过或者操作过该平台。因此,侦查机关仅凭借夏某不确定性的供述这一孤证认定被告人张某指示客户交易以及控制平台涨跌,明显证据不足,事实不清。

三、被告人张某仅仅是找到张某甲,而张某甲发展了约三个客户,其既没有登录过该平台也不会操作,其所参与的平台仅有“久某珠宝”,参与时间约两个月,其不可能应对公诉机关所指控的、朱某群等人利用数个平台自2013年至2014年诈骗的24,355,505.36元这一巨额诈骗数额担责;如果其涉嫌犯罪,其可能的诈骗对象也只有三人,可能的诈骗数额只有数十万元,即张某只可能对其参与的部分担责

对于张某是否发展了客户与客户数量,张某供述称是其哥哥张某甲发展的客户,这就表明,张某自己没有实际实施招揽客户的行为,并且张某甲发展的客户数量很少,张某供述称为三个,夏某供述称为“两三个”。另外张某供述称这些手续费提成的分配为“我和我哥张某甲一共分了手续费共167,454元人民币,我得了其中的34,932元”,从数额的分配上,即张某甲分得绝大部分,张某分得较少,约20%,这也表明客户是由张某甲发展的,张某只是一个中间人的角色。此外,也如前所述,张

某参与平台短短两个月，其从未登录过该平台，更不会操作，也从未指示客户交易等，其只可能对其参与的这一部分承担责任，而不可能也不应该对夏某、朱某群等人利用数个平台在两年间涉案的2000多万元的金额承担责任。

四、本案的证据电子数据、电脑数据等电子证据，还有《司法会计审计报告》所依据的电子数据等的取证程序存在重大瑕疵，来源不明，据此作出的鉴定意见参考价值很低，并且据以认定朱某群等人的诈骗数额达24,355,505.36元的鉴定意见存在明显重大的事实错误，依法应不予采信

依据2011年《公安机关执法细则》第七章之规定，封存电子设备和存储媒介，封存前后应当拍摄被封存电子设备和存储媒介的照片并制作《封存电子证据清单》，固定存储媒介和电子数据应制作《固定电子证据清单》，现场勘验检查应制作《勘验检查照片记录表》与《现场勘验检查笔录》，而公诉机关并未提交以上书证，也即其电子证据的取证程序为按照有关规定，取证程序存在重大瑕疵，则依据以上电子证据作出的鉴定意见，参考价值很低。

并且，据以认定朱某群等人的诈骗数额达24,355,505.36元的鉴定意见［粤广深（2015）会鉴字第022号］存在明显重大的事实错误，依法应不予采信。该鉴定意见鉴定出朱某群等人的诈骗数额达24,355,505.36元的依据是

公安机关提供的《被害人投递资料至司法机关登记损失金额》,其中记录的是被害人损失金额,无法与公安机关提供的朱某群的银行账户相应被害人的资金流入与流出的差额相对应,而鉴定机构以该《被害人投递资料至司法机关登记损失金额》的合计结果作为涉嫌诈骗的总额,该结论明显事实错误,依法不应被采信。

五、公诉机关指控被告人张某涉嫌诈骗,却未查清“被诈骗受害人”的身份和人数、“诈骗数额”等关键事实,因此认定被告人张某涉嫌诈骗罪,事实不清

公诉机关指控张某涉嫌诈骗的证据中并没有任何证据能够证明被张某诈骗的被害人的身份、人数以及相应的被诈骗数额的证据。对于起诉书中所称“自 2013 年 6 月 13 日至 8 月 26 日,张某共收到夏某转给他的赃款 167,454 元,其将 132,522 元转给张某甲,剩下的钱归自己所有”,即使张某涉嫌诈骗,以上数额只可能是“违法所得数额”,却并不是“诈骗数额”;张某供述称其获得的以上款项是客户交易的手续费提成,也即并非客户的实际投入数额与被诈骗数额,而侦查机关却并未查清该数额。

因此,公诉机关指控被告人张某涉嫌诈骗,却未查清“被诈骗受害人”以及“诈骗数额”等影响定罪量刑的关键案件事实,则据此认定被告人张某涉嫌诈骗罪,证据不足,事实不清。

综上所述，被告人张某对平台是虚假的是不知情的，公诉机关指控其涉嫌诈骗罪，证据不足，事实不清；而且其从未登录过平台更没有操作过平台，从未指示过客户进行交易，也就从未实施过客观造成他人钱财减少的行为；并且其只参与过其中一个平台即“久某珠宝”，参与时间较短（约两个月），客户也是他的哥哥张某甲发展的，发展客户人数较少（约3人），张某在这其中也只起了中间人的角色（其分得的手续费提成为20%左右也可佐证）。因此，即使张某的行为涉嫌诈骗，其也不可能对夏某等人利用数个平台在两年时间涉案高达2000多万元的行为承担责任，而只可能对其以上参与的部分承担责任。恳请法院在查清案件事实后，依法对被告人张某作出证据不足、事实不清的无罪判决。

此致

深圳市中级人民法院

广东某律师事务所

余安平律师

二〇一六年四月二十日

（广东省中级人民法院作出一年半有期徒刑的判决）

附录二

袁某文被控敲诈勒索罪一审辩护词

广东某律师事务所接受犯罪嫌疑人袁某文亲属的委托，指派本律师作为其被控敲诈勒索罪的辩护律师，为其提供法律服务，担任其辩护人。本律师依法会见了犯罪嫌疑人，查阅了本案全部卷宗，参与了本案庭审，辩护律师认为公诉机关认定袁某文涉嫌敲诈勒索罪事实不清、证据不足，袁某文依法不构成敲诈勒索罪。现提出如下辩护意见供贵院参考。

一、袁某文不具有非法占有之目的，不符合敲诈勒索罪的主观构成要件

袁某文与肖某刚之间存在合法债权债务关系。

肖某刚在讯问笔录中（卷宗二，第 28 页）称，“我同袁某文是老乡，因之前我同他合作开过一个洗脚城欠他钱，我们之间有债务关系，我欠袁某文 200 多万元”。而袁某文在讯问笔录中称（卷宗二，第 43 页），“在 2012 年年底，

我在某市某湖经营一家沐足城，当时名称叫金某足疗，我与肖某刚两人是合伙的，他占的份额大，但是他投入的资金跟不上，都是我先垫付的，当时沐足城每月都要亏损几十万元，直至停业为止，肖某刚总共欠我的款项本金约人民币贰佰陆拾万元，之后他一直没有还钱给我。一直到了今年 8 月以后，肖某刚与黄某品的债务关系在惠某区法院处理完毕之后，肖某刚才通过银行转账的方式付款人民币壹佰陆拾万元左右付给我，而且还把之前我在某林公司向黄某品拿的全部费用都算是付给我了，但我觉得他应该还要付一些利息给我，所以我还要盯着他还钱”。吴某杰在讯问笔录中（卷宗二，第 59 页）称，“我不知道（袁某文跟肖某刚有什么关系），大概 2 年前他们两个还在湖北某市开过洗脚城，但后来亏了”。以上三人供述相互印证，足以表明肖某刚因为与袁某文在湖北某市合作经营一家沐足城亏损，而欠袁某文两百多万元。因此，袁某文与肖某刚之间存在合法债权债务关系。

肖某刚与黄某品之间存在合法债权债务关系。

第一，在 2016 年 7 月 30 日之前，肖某刚与黄某品之间的债权债务是由双方签订的还款协议、法院判决、调解书等依法予以确认的合法债权债务。肖某刚及袁某文等基于肖某刚与黄某品之间存在的合法债权债务，而去追讨债务的行为，不可能具有非法占有之目的，更不可能涉嫌敲诈勒索罪。虽然黄某品在 2016 年 7 月 30 日之前，向某林公司追索到的欠款超过了某林公司的实际欠款，但袁某文作为双方争议之外的第三人，对于双方具体的债权债务数额也不可能知情，其仅仅是追索肖某刚对其的欠款，而106.89万元也并未超过肖某刚对袁某文所负债务的总额，因此袁某文也就不可能涉嫌敲诈勒索罪。此外，即使肖某刚等人追索的欠款超过法律支持的范围，也仅仅是“法院不予支持”，而不是违法甚至犯罪行为。本案本质上属于民事纠纷，而不是刑事侵权。

在2016年11月8日某林公司总经理黄某品的报案询问笔录中（卷宗二，第3页），其对于某林公司与黄某品之间的债权债务关系的陈述为“2013年我公司向肖某刚借两笔款本金共计900万元人民币；2015年8月18日签订《结算协议》重新确认双方基础债权债务为2400元人民币，之后2016年7月30日我公司连本带息一次性付给肖某刚3262.05万元人民币，所有债权债务已经彻底结清、终结。2016年7月30日之后，我公司与肖某刚已无任何经济关系”，也即报案人某林公司总经理黄某品对于在2016年7月30日以前，某林公司支付给黄某品的还款数额是认可的，并认为在2016年7月30日某林公司连本带息一次性付给肖某刚3262.05万元人民币之后，双方债权债务已经彻底结清终结，但对于106万元人民币的问题只字未提。这也就表明，某林公司报案人认为2016年7月30日以前某林公司支付给肖某刚的数额是基于双方的债权债务关系，而并非其他原因，更不可能是“敲诈勒索”。因此，在2016年7月30日以前，袁某文的行为基于其与肖某刚之间，以及肖某刚与某林公司之间存在的合法的债权债务关系，而不具有“非法占有之目的”，也就不可能涉嫌敲诈勒索罪。

第二，在2016年7月30日之后，黄某品承诺给予肖某刚《执行和解协议》之外的补偿，但黄某品一直对补偿不兑现，才致使双方后来发生矛盾。

袁某文在2016年7月30日之后，并不存在再向某林公司实施追债的行为；其在2016年7月30日之后所实施的行为只是向肖某刚追索其债权，而不存在非法占有某林公司财产的目的（对此部分，即辩护律师认为在2016年7月30日之后袁某文不涉嫌敲诈勒索罪的辩护意见，在下文单独详细论述，此处不再赘述）。

综上所述，正因为三方存在合法的三角债权债务关系，袁某文实施行为正是为了实现自己对于肖某刚的合法债权，而不具有非法占有某林公司财产之目的，因此不符合敲诈勒索罪的主观构成要件，也就不可能构成敲诈勒索罪。

二、公诉机关指控袁某文等涉嫌敲诈勒索某林公司106.89万元，与事实不符

某林公司总经理黄某品于2016年2月6日是在派出所知情且参与调解的情况下出具《承诺书》，明显属于

自愿出具，不可能是在受到威胁、胁迫的情况下出具的。

依据肖某刚讯问笔录（卷宗二，第 37 页），“因黄某品不想我的债务转给袁某文（我的债主），就同袁某文搞好关系”，“当时黄某品要求袁某文不要接我的债务，有事一起商量。而黄某品在法院，在派出所一次又一次违约，在今年 2 月 6 日黄某品同意给我五十万还款，给点违约金，我没要，马上去求派出所。当时正好胡所在，胡所说：黄某品你上次在我们派出所同意的还没有给，不可以这样。后黄某品同意给一百万还款，再愿意付违约金、误工费等一切费用。要明年才可以还清（分期付），我没有要这钱。当时由黄某品补给袁某文九十万”，“当时在派出所协商之后，我们就和某林公司的人去某林公司写承诺书，当时袁某文还叫我跟胡所汇报一下就说这件事情我们谈妥了，并要我向胡所问好。而且某林公司当时还了一百万欠款”，以及某湾公安局某头派出所出具的《情况说明》（卷宗五，第 169 页），“2016 年 2 月 6 日上午，某林公司负责人黄某品与肖某刚因债务问题自行来到某头派出所进行协商，当时与肖某刚随行的大约有二三十人。由于债务纠纷等经济问题派出所无法处理，黄某品、肖某刚等人就借用派出所的办公室双方自行协商，他们协商好之后就各自离开了，具体协商的内容是什么，我所民警均不知道”。依据某头派出所所长胡某源的询问笔录（二退补充侦查卷，第 126 页），“后来他们双方就在派出所里就债务问题进行了交流，谈了大概半个小时，还是没有谈出各结果，他们就离开了”。

以上也就表明了：

第一，某头派出所及所长对于肖某刚与某林公司及黄某品之间存在经济纠纷是知情的。双方多次在某头派出所内协商，而且某头派出所出具的《情况说明》以及所长胡某源的询问笔录对于派出所方面对双方协商有无结果、协商内容等存在相互矛盾的描述，这也就表明，派出所方面很可能参与了双方的协商并且对协商的过程完全知情。

第二，2016年2月6日，某头派出所即使未主持参与协调，但其对于当天双方存在纠纷本身也是知情的。这一点从肖某刚、黄某品的笔录中也可以证明，双方在当日商定一同去某头派出所协商而未在信访局协商，也表明了双方对某头派出所都是熟识的。

第三，在此情况下，黄某品在2016年2月6日当日签订了该《承诺书》后并未报警，而且在随后的数月一直按照《承诺书》约定分数次、数笔，在数月间支付给袁某文，这期间也未报警。如其当日果真受到胁迫而签订该《授权书》，那为何当日不报警？在之后的数次付款期间为何又不报警？这明显与常理不符，表明其并未受到胁迫、威胁，而是因为双方协商一致而依约自愿支付。

第四，黄某品直到2016年11月8日才报案，其在

2016年11月8日当日的报案询问笔录里列举的肖某刚等人的“敲诈勒索行为”里，并未包括2016年2月6日发生的纠纷；而且其也认为在2016年7月30日，双方的债权债务才彻底履行完毕，这也足以表明，在2016年2月6日当日，黄某品不可能是在受到威胁、胁迫的情况下出具的《承诺书》。

第五，目前能证明在2016年2月6日，袁某文等人存在“敲诈勒索行为”的证据，仅有黄某品及其员工的询问笔录。黄某品等人又明显与本案存在重大利害关系，在目前无任何其他证据能直接证明袁某文等人确实存在这些行为的情况下，认定袁某文涉嫌敲诈勒索明显属于证据不足，事实不清。

该笔款项是某林公司自愿支付给袁某文等人，不可能存在被胁迫、威胁的情形。

某林公司支付给袁某文等人合计106.89万元，基本上都是现金支付，并且某林公司均出具有“领(借)款单”，其上有的注明“按2016年2月6日的承诺书内支付”，有的注明是经黄某品同意后支付。这也就表明该笔款项是某林公司按照其公司内部款项支出程序，通过公司财务自愿支付给袁某文等人，并予以财物记账，而并非袁某文等强迫、胁迫其支付。

另外，黄某品写承诺书的时间为2016年2月6日，而某林公司付款的时间是在2016年2月底至6月，时间跨度长达6个月，如果袁某文等人果真涉嫌敲诈勒索，使某林公司在被威胁、胁迫情形下才签订了《承诺书》，那么某林公司在长达半年的时间里，为何并未采取报案等途径寻求救济反映其被“敲诈勒索”的情况，而是按照约定分批次支付款项，这是明显不合常理与逻辑的，这也就证明了该笔款项是某林公司自愿支付给袁某文等人的。

该笔款项实际上隶属于袁某文、肖某刚、某林公司三者之间的合法三角债权债务关系，属于某林公司替肖某刚返还给袁某文的欠款。

本法律意见书第一部分已经阐明，肖某刚与袁某文之间存在合法的债权债务关系，肖某刚与某林公司之间也存在合法的债权债务关系。依据袁某文2016年11月28日的讯问笔录(卷宗二，第43页)：“当时我与肖某刚、黄某品三个人是当面讲好的，黄某品付给我的是劳务费、生活费之类的，但实际是肖某刚欠我的钱，黄某品欠肖某刚的钱，肖某刚就叫黄某品先付一部分钱给我，也就当作是肖某刚还钱给我。”还有袁某文2017年4月27日的讯问笔录(补充侦查卷一，第40~41页)：“我总共借给肖某刚290万左右，某林公司承诺给肖某刚90多万生活费，肖某刚叫我去拿那90多万。后我在某林公司拿了90多万，所以我跟肖某刚是算90多万的钱，加这90多万我跟肖某刚的债务基本上就还清了就是还没有算利息。”以及袁某文2016年12月14日的讯问笔录(卷宗二,第49页):“肖某刚差我钱好多年了,某林公司差肖某刚钱也好多年,肖某刚带我到某林公司想让黄某品能不能方便给点钱,然后黄某品答应帮肖某刚解决一点债务,之后在派出所二楼黄某品就写了个承诺书给我。”这就表明该笔款项属于某林公司替肖某刚还袁某文的债务。

袁某文的讯问笔录也与肖某刚的讯问笔录相互印证。依据肖某刚的讯问笔录(补充侦查卷一,第11页),这106万元“钱都是给债主袁某文做补偿的,吃饭(是某林公司给的违约金、误工费)。”“我欠袁某文200万本金,补的是利息及误工费补偿。”

这也就表明,虽然该《承诺书》上写明该笔款项是黄某品支付给袁某文的工资等费用,但实际上是基于三方合法的三角债务关系,由黄某品及某林公司替肖某刚还钱给袁某文,也即这笔款项在本质上属于肖某刚返还给袁某文的欠款。

综上,在某林公司先后支付给袁某文等总计106.89万元的款项期间,某林公司、肖某刚、袁某文之间是存在合法的三角债权债务关系基础的,本质上该笔款项属于肖某刚返还给袁某文的欠款。而且,没有证据表明黄某品及某林公司是在受到威胁、胁迫的情况下出具的《承诺书》。因此,侦查机关认定是袁某文等敲诈勒索某林公司106.89万元与事实不符，明显事实不清、证据不足。

三、起诉书所指控的在2015年7月、8月间肖某刚、袁某文等人实施的一系列行为，证据不足、事实不清。即使属实，也与起诉书所指控的敲诈勒索106.89万元之间不存在因果关系，而是为了向某林公司主张法院判决等所支持的合法债权，不应当认定为敲诈勒索罪

起诉书所指控的时间段，即2015年7月、8月间，是在肖某刚与某林公司合法债权债务存续期间，因而即使指控属实，肖某刚等人行为也是为了实现其合法债权，不存在非法占有之目的，最多属于治安违法行为。对此，本辩护词第一部分已详细论述，此处不再赘述。

起诉书所指控的在2015年7月、8月间肖某刚、袁某文等人实施的一系列行为即使属实，也与2016年2月6日签订的承诺书之间不存在刑法上的因果关系。

公诉机关意图证明2015年7月、8月间肖某刚、袁某文等人实施的起诉书所指控的一系列行为，高度依赖某林公司法定代表人及员工的言词证据，公诉机关对现场照片等其他证据关联性的举证也同样依赖上述言词证据；而某林公司法定代表人及员工与本案存在重大利害关系，且其言词证据与肖某刚、袁某文等人的讯问笔录与当庭陈述存在冲突，因而起诉书指控肖某刚、袁某文在2015年7月、8月间实施了一系列行为，事实不清，证据不足，无法得出唯一结论。

四、公诉机关认定肖某刚、袁某文涉嫌敲诈勒索某林公司3600万元,与事实不符

在2016年7月30日之后,肖某刚与某林公司之间纠纷的起因是黄某品承诺与肖某刚协商《执行和解协议》之外的补偿问题。

依据肖某刚的讯问笔录(卷宗二,第29页):“(2016年7月30日之后)我没有索要钱款,因之前某林公司法人代表黄某品在法院时(袁某文以及我公司律师马某均在场)承诺我除了债务之外可以补偿一点,我是过去商量补偿款的。”

以及袁某文的讯问笔录(卷宗二,第43页):“因为在2016年7月底或8月初的一天,具体时间记不清楚了,当天某林公司的黄某品(我称呼为黄总)与肖某刚(我称呼为肖总)在某州市惠某区法院,黄总付完肖总的欠款之后,他们达成一个口头协议:肖总要黄总补偿的损失,黄总打算等他回去开领导班子会议之后再答复,约两个月时间。当时我是在场的,也是听黄总这么讲的。肖总就叫我先回湖北老家去等着,于是我就回去了,并叫袁某甲和吴某伟过来,每天在某林公司门口盯着,如果看到肖总和黄总来了,就打电话给我。”

依据第一次退侦侦查卷第二卷第36~37页黄某品于2016年10月26日回复肖某刚的短信:“……在今年7月30日我公司已履行了协议。偿还了所欠你的全部债

务，我公司与你（庭内庭外）双方所有的债权债务彻底结清，就此法院下达《裁定书》。你本人也当法院法官面与当公安人员面及当我公司职工面说，我们双方债权债务彻底了结了，你希望我公司能考虑补偿一点你来追债的人的款项。我和我公司高、石、赵等领导与职工在公司当公安人员的面，也对你说了……我和高副总也答应与你一人谈……今天（26日下午）派出所也来了电话，说我们双方可以去派出所谈谈！我和派出所讲了，我现在在外忙工作，几天后，我回某湾再去派出所与你面谈！”

以上也就表明了，虽然在2016年6月16日双方签订了《执行和解协议书》，但黄某品之后在法院另外口头承诺了关于肖某刚提到的债务外的补偿问题，也就是承诺对此双方可以协商。之后，又因为黄某品不履行该口头承诺，才导致了双方在2016年7月30日之后，仍然存在纠纷未解决，这是双方在2016年7月30日之后纠纷的起因。并且2016年8月26日黄某品回复肖某刚的短信也表明，关于补偿的问题，双方仍然可以协商，也就是双方仍在协商的过程。

肖某刚出具的、袁某文与吴某杰签字的《特授权书》从未实际被使用，袁某文也并不清楚该《特授权书》内容，袁某文也从未将《特授权书》出示给黄某品或者某林公司，更从未向某林公司索要过3600万元。

肖某刚在该《特授权书》制作完成后，即拿到某头派出所咨询，在得知不合法后，即将该《特授权书》留在派出所，无论是肖某刚还是袁某文等人，均未曾实际使用该《特授权书》。

依据肖某刚的讯问笔录（卷宗二，第35页）："那时我和曾某到某林公司坐了一下，谈了一下以前说过的补偿的问题，没有之后我们就一起去派出所咨询，我到派出所门口的时候就叫袁某文过来，袁某文就带了两三个人到了派出所，我就跟袁某文商量，说我很忙，看能不能我写个委托书给他，让袁某文去和某林公司交涉，后我就在派出所门口的车内拿出一份《特授权书》给了袁某文和吴某杰签了名，然后我也签了名，并将那份《特授权书》拿到派出所去咨询，当时胡所、卓所、黄所都在。""我将它交给了某头派出所的胡所，当时胡所也说这样不合理，后我们就离开了，保证不给派出所添乱。""那《特授权书》我去咨询派出所后，后面我就没有用这个委托书了。"这就表明肖某刚在该《特授权书》制作完成后，即拿到某头派出所咨询，在得知不合法后，即将该《特授权书》留在该派出所，未曾实际使用。

依据袁某文的讯问笔录（卷宗二，第45页）："大约是在2016年9月20日，具体日期我记不清楚了，因为肖某刚当时与黄某品在谈这些费用的时候是在派出所，肖某刚还说请示了派出所的领导，黄某品说这种委托收钱的讲法是行不通的，但当时我在办公室门外，肖某刚叫我签个名，我也没有看清楚他叫我签的是什么内容，就签了个名而已，所以我不知道委托书这回事，而且也没有去某林公司找黄某品要。”这就表明袁某文在签这份所谓的《特授权书》时，根本不清楚其上的内容，并且也从没有向某林公司以及黄某品出示过，从未实际使用。

依据吴某杰的讯问笔录（卷宗二，第61页），在侦查机关讯问其是否拿着委托书去找某林公司拿钱时，其回答说“我没有”，由此也表明该份《特授权书》从未被实际使用。

袁某文在2016年7月30日之后，没有再去过某林公司要钱，也未实施任何涉嫌敲诈勒索的行为，不可能涉嫌敲诈勒索罪。

袁某文在2016年7月30日之后，即回到湖北老家，再未曾去过某林公司，而其在2016年8月中旬至2016年10月，让袁某甲与吴某伟在某林公司门口拍照，依据其讯问笔录（卷宗二，第43~45页）：“我只是叫袁某甲和吴某伟有经常去某林公司门口看肖某刚的车有没有过来，如果有过来就打电话给我，仅此而已。”“因为……但我觉得他（肖某刚）应该还要付一些利息给我，所以我还要盯着他还钱。”“我对肖某刚不放心，因为在惠某区法院的时候，肖某刚说过黄某品会补偿一些费用，但没有说明是什么时间，所以我叫袁某甲他们去看一下。”这也就表明，在2016年7月30日之后，袁某文让袁某甲与吴某伟在某林公司门口拍照，是为了盯着肖某刚，而并不是针对某林公司，而该行为最多只能定性为骚扰，而不可能认定为敲诈勒索。

起诉书指控的“袁某文、吴某杰又纠集多人多次到某林公司门口蹲守、拍照，与公司员工发生肢体冲突，或跟踪公司高管人员，搞的公司办公区不安宁，公司员工都害怕”与事实不符，即使属实也无任何证据表明与所谓的敲诈勒索“3600万”之间存在任何关联。

第一，依据袁某文供述，其让袁某甲、吴某杰前往某林公司是为了盯着肖某刚，而不是敲诈勒索某林公司。公诉机关无任何证据能够证明该行为与所谓的敲诈勒索“3600万”存在关联。

第二，起诉书指控的“与公司员工发生肢体冲突”，也就是袁某文叫去盯着肖某刚的袁某甲、吴某杰与某林公司的保安发生肢体冲突一事，除此之外不存在其他肢体冲突行为。而对此事，袁某甲、吴某杰与某林公司参加打人的保安是各执一词，均称是对方先挑衅云云，对此双方打架斗殴事件，也无任何证据表明与所谓的敲诈勒索“3600万”存在任何关联。

第三，对于起诉书指控的“跟踪公司高管人员”，没有任何证据表明该行为是袁某文指使。公诉机关仅凭某林公司法定代表人及员工的一面之词即认定此行为为肖某刚等人所为，且其目的是索要3600万元，这完全不符合事实与逻辑。

综上，在2016年7月30日之后，肖某刚与某林公司、黄某品之间的纠纷是有合理原因与事实基础的。同时，肖某刚制作的所谓的《特授权书》根本未曾实际使用，袁某文等人在此之后未去找某林公司要钱，袁某文等人在2016年7月30日之后也未实施任何敲诈勒索的行为。起诉书所指控的袁某文等人的行为事实不清、证据不足，也无法证明与起诉书所指控的3600万元存在任何关联性，因而起诉书指控袁某文敲诈勒索3600万元，事实不清，证据不足。

此致

某市某经济技术开发区人民法院

广东某律师事务所

余安平　胡永升律师

二〇一七年十一月十六日

（本案法院改变罪名以寻衅滋事判处十四个月有期徒刑）

第五编

二审辩护

二审是对一审的监督，刑事辩护要么争取直接改判，要么争取发回重审。但维持原审判决属于正常结果，律师与家属需要有相应的心理准备。

第二十五讲 | 刑事上诉

刑事辩护委托律师当然是越早越好。有无罪辩护空间的案件，则最好在主要证据尚未固定前，律师就积极介入。不过，许多案件的委托人喜欢“找熟人”，而不是“找律师”。因此，不少案件的律师介入，是在批准逮捕后甚至移送法院后；更有甚者，一些人是在一审判决后才找律师。刑事辩护“全覆盖”，固然帮那些没有请律师的被告人安排了律师，但“免费服务”很容易被家属理解为“走程序”。因此律师需要面对“二审介入”的案件该如何办理上诉的问题。

《刑事诉讼法》第230条规定：“不服判决的上诉和抗诉的期限为十日，不服裁定的上诉和抗诉的期限为五日，从接到判决书、裁定书的第二日起算。”这就意味着律师需要在10日内甚至5日内办理上诉，“时间短，任务重”成为刑事上诉的突出特点。如果律师代理了一审，当然可以把辩护词修改为上诉状，随时可以会见被告人，让其办理上诉手续。如果律师没有代理一审，要在短期内办理上诉，这就是一门“新技术”，尤其是对那些500页以上判决书的案件。

如果是新接手的二审刑事案件，律师第一件事应是根据一审判决书撰写简易版上诉状，然后去看守所会见被告人。该次会见主要任务是办理上诉，而不是二审辩护，律师需要把主要精力，用在询问被告人上诉原因上。

会见中，律师需要了解被告人有哪些“不服”，根据被告人的陈述完善自己的上诉状。如果案情很简单，没有超出律师起草的简易版上诉状，则可以当场让被告人签署上诉书，然后去法院办理上诉。如果被告人提供的不少细节没有体现在一审判决书上，以致律师根据一审判决书撰写的上诉状存在疏漏，则律师可以让被告人先签署这份简易版上诉状，及时办理上诉手续，避免过了上诉期。然后等到律师完成阅卷，再次会见，此时撰写完整版的上诉状交给法院。

一般情况下，只要没有过上诉期，律师提交简易版上诉状后告诉书记员，自己会在半个月内提交完整版上诉状的，书记员都会积极配合。

我曾办理的钱某非法拘禁案件，就是用简易版上诉状来完成的。钱某被骗入某传销组织，然后跟着其他人一起限制被骗入传销组织的“新人”的人身自由，也就被定性为非法拘禁罪。钱某的姐姐找到我进行委托。我发现判决书量刑 2 年 2 个月，最主要的理由是存在殴打等情节，我就问如何证明现场有殴打情节？钱某的姐姐说一审开庭时没有询问这个细节，公诉人根据被告人与同案犯的供述承认了殴打。这是一个“自证其有罪”的犯罪，仅凭口供定罪向来仅限于毒品案件，其他案件不可轻易使用。伤害情节更需要询问受害人，并做伤痕鉴定。

由于时间紧急，我立即撰写了两千字的简易上诉状，提出“原审判决认定事实不清，对上诉人定罪失当”与“对上诉人判处二年二个月有期徒刑明显畸重”两条上诉理由。

第一条理由，就是“上诉人与被害人同属于传销案件受害人”。上诉人钱某因为受到传销组织欺骗，陷入传销组织而不能自拔，先后被传销组织骗取数万元钱财，本就是传销案件受害人。众所周知，传销组织本就是通过“洗脑”强迫成员发展下线的方式积敛钱财。上诉人被“洗脑”后，一方面自身被骗取钱财，另一方面不自觉成为传销组织骗取其他受害人的“工具”。因此上诉人的行为即使构成非法拘禁罪，也应该与普通的非法拘禁犯罪相区别，指使、强迫上诉人非法拘禁他人的传销组织领导者，才属于本非法拘禁案件的实际责任人。

第二条理由，则是“上诉人没有殴打受害人等恶劣行为”。所谓“殴打”受害人的证据，只有上诉人和同案犯的供述，而没有其他证据予以佐证。根据我国《刑事诉讼法》第46条的规定:“对一切案件的判处都要重证据,重调查研究,不轻信口供。只有被告人供述,没有其他证据的,不能认定被告人有罪和处以刑罚;没有被告人供述,证据充分确实的,可以认定被告人有罪和处以刑罚。”公诉人没有提供其他证据,尤其是没有提供被害人受到殴打的法医检验证据予以佐证,仅凭被告人供述显然违背了刑法“证言不得单独为证”的证据原则。

第三条理由,主要是根据2010年《人民法院量刑指导意见(试行)》详细解释原审判决过重。根据《人民法院量刑指导意见(试行)》“常见量刑情节的适用”的规定,对于从犯,应当综合考虑其在共同犯罪中的地位、作用,以及是否实施犯罪实行行为等情况,予以从宽处罚,可以减少基准刑的20%~50%;犯罪较轻的,可以减少基准刑的50%以上或者依法免除处罚。既然公诉机关和原审法院都认定上诉人属于从犯,那么应该在非法拘禁罪项下减少基准刑的20%~50%。根据《人民法院量刑指导意见(试行)》“常见犯罪的量刑”的规定,非法拘禁罪未造成伤害后果的,可以在三个月拘役至六个月有期徒刑幅度内确定量刑起点。这说明人民法院判处作为非法拘禁从犯的上诉人6个月左右的有期徒刑才属于“正常量刑”;而本案中既有被告人认罪,又认定为从犯,且属于轻微的非法拘禁行为,原审法院却判处2年2个月有期徒刑,明显不当。

许多律师认为，没有阅读卷宗就不能撰写法律意见书，就不能写辩护词。其实只要认真阅读一审法院的判决书，就可以完成简易版的上诉状。

我拿着简易版辩护词去会见被告人，询问了详细情况，并询问他对我撰写的上诉状有什么补充意见。钱某没有什么要补充的，于是我就把这份上诉状提交给法院。

该案我没有提交新的上诉状，而是在阅卷后向法院提交了法律意见书。在我等法院发回重审时，竟然接到法院的判决书，直接从 2 年 2 个月改判为 1 年 2 个月。

我曾办理过 582 页一审判决书的上诉案件。我当时还写了一篇文章，文章中提出看起来 582 页的判决书似乎很厚，但其实被告人不是犯罪集团的首要分子，只需要对自己涉及的罪名负责，律师也就只需要抓取与自己的被告人有关的信息。

我的当事人涉嫌 3 项罪名，即参加黑社会性质组织罪、强迫交易罪、聚众扰乱社会秩序罪，我直接从这些罪名的构成要件入手足矣。那些与我的当事人无关的内容都可以被略过。被告人的上诉状不要求如何完整，只要把他认为“不是事实”的部分写清楚就行，被告人解决“事实问题”，律师解决“法律问题”。

《刑事诉讼法》第 236 条规定了二审判决的 3 种情况，即“原判决认定事实和适用法律正确、量刑适当的，应当裁定驳回上诉或者抗诉，维持原判”“原判决认定事实没有错误，但适用法律有错误，或者量刑不当的，应当改判”“原判决事实不清楚或者证据不足的，可以在查清事实后改判；也可以裁定撤销原判，发回原审人民法院重新审判”。这说明二审能够改判首要在“事实认定”，其次在“法律适用”。因此能不能找出一审判决存在的事实认定疏漏或者错误，能不能重新解读法律适用，特别是根据《关于常见犯罪量刑指导意见》（法发〔2017〕7号）计算量刑是否合理，都成为律师办理上诉的重点与难点。

复杂的案件上诉，律师可以“分拆”为简易版上诉与完整版上诉。简易版上诉，目的在于完成上诉手续，避免超过上诉期。完整版上诉，才是说服法院的重要手段，需要围绕“事实不清，证据不足”或者“程序违法”展开攻势。当然，刑事上诉是根据一审判决书做出安排的，这就需要深入研究原审判决书存在哪些情况是“照抄起诉书”，而不是有效查明的。

技术辩护律师办理上诉时，即使面对500页以上的判决书撰写上诉状，也不是一些人所言没时间读完，更没时间写上诉状，我们完全可以“按图索骥”找到与自己的当事人有关的内容。

当事人才是“案中人”，他们清楚本案存在哪些疑问，律师需要根据他们的意见寻找辩护线索，与他们商量上诉方案。律师两种习惯养成不得：一种是无视当事人意见的“纸上谈兵”辩护，另一种是听命于当事人意见的

“盲人摸象”辩护。律师需要参考当事人的直接经验，但不能把这种直接经验当成唯一线索。

上诉策略的选取，也很关键。要知道二审法官对于“不合法”的判决，都会改判或者发回重审；对于“合法但不合理”的判决，基本都会维持。因此许多案件的“轻罪上诉”都难以奏效，反而是无罪上诉，能够促使二审法官详细研究案情。

因此，能否找到办案机关的“不合法”之处，才是上诉能否被支持的关键。

第二十六讲 | 二审阅卷

律师代理二审案件，第一件事当然是办理上诉，毕竟上诉期只有10天乃至5天。办完了上诉手续，律师接着就要去法院阅卷。技术辩护中的阅卷，不仅仅是把卷宗复制回来，而是阅读卷宗，并制作相应的阅读摘要。

《刑事诉讼法》第40条规定："辩护律师自人民检察院对案件审查起诉之日起，可以查阅、摘抄、复制本案的案卷材料。其他辩护人经人民法院、人民检察院许可，也可以查阅、摘抄、复制上述材料。"这说明案件进入审查起诉阶段后，律师都可以"查阅、摘抄、复制本案的案卷材料"。二审期间当然属于这个可以阅卷的时间段，律师的阅卷权受到法律认可。司法实践中，则是律师可以在案卷没有移交给二审法院时向原审法官要求阅卷，案件移交给二审法院后只能向二审法院要求阅卷。

接到上诉案件后，律师按照惯例是先联系法院表示被告人要上诉，如果时间来得及当然是先阅卷后会见，再办理上诉手续；如果时间来不及，则是先简单会见办理上诉手续，再阅卷。律师究竟是先阅卷还是先会见，也要看时间是否紧迫，案件是否复杂。毕竟简单案件无论是阅卷还是撰写上诉状都很容易，而复杂案件则需要先提交简易版上诉状启动上诉程序，在从容阅卷后再提交上诉状。阅卷是为了掌握基本案情，找到上诉要点。

刑事上诉阶段的阅卷，应该把全部卷宗都复制出来，不仅包括侦查卷、检察卷，还包括一审卷宗，尤其是庭审笔录、律师辩护词。有些律师不喜欢提交法律意见书甚至不愿意提交辩护词，这其实是丢失了一个书面说服办案机关的机会。

我从不放弃自己提交辩护词的机会，这既能让法官看到律师的敬业精神与专业素养，也可以让律师同行尊重自己善始善终的服务意识。曾有不少律师同行在代理同案犯二审时阅读了我的辩护词，就来主动与我商讨“下一个回合”辩护策略。

我曾办理了湖南洪某运输毒品 2.9 公斤案件，一审同案犯黄某判处有期徒刑 15 年，洪某作为从犯，判决了有期徒刑 9 年。洪某的家属找到我为洪某进行无罪辩护。我拿到判决书后第一反应就是本案只能做无罪辩护，任何认罪都会导致省高级人民法院维持原判。我看时间并不十分紧迫，于是先去中级人民法院阅卷，再办理上诉手续。我与搭档胡永升律师一起去法院阅卷，把全部卷宗复制出来，然后根据起诉书与判决书，寻找无罪辩护空间。

我们把整个卷宗进行拆分，按照基本案情、侦查机关意见、公诉人意见、公诉人逻辑整理成 4 个部分，归纳出公诉人逻辑的“强点”与“弱点”，特别是公诉人有没有“思维跳跃”的部分。该案的情况并不复杂，就是黄某与洪某搭乘同一辆摩托车外出，路上遇到警察，两人丢掉了包裹并逃跑。被抓捕后，警察又从他们丢弃的包裹中发现有 2.9 公斤毒品，于是就以运输毒品罪立案侦查并呈报检察院批准逮捕。检察院将该案起诉至中级人民法院，中级人民法院分别对他们作出了 15 年与 9 年有期徒刑的判决。

我们在阅卷过程中发现，洪某自始至终坚持自己是无辜的，只承认与黄某一起有吸毒行为，不承认与黄某一起有运输毒品的行为，更不承认“明知”黄某丢掉的包裹里有毒品。洪某的供述对本案非常有用，口供稳定也表示洪某可能真的是被冤枉的。后来我接受采访时也曾说，被告人自始至终坚持自己是无辜的，不仅有利于帮助律师下定决心坚持无罪辩护，甚至能动摇法官对案件有罪的内心确信。

我们还发现卷宗里的证据中没有从两个包裹里提取被告人洪某的指纹。这就难以认定被告人洪某是否接触过该包裹，也更不能证明该包裹系被告人洪某所有。洪某自称当天中午有吸毒，这就能合理解释遇到警察逃跑的行为。洪某自称是找朋友讨债，那么只要公安机关查实该行为，就能证明洪某搭乘摩托车的真实动机是去讨债，而不是跟着黄某去运输毒品。此外，我们还在卷宗中发现黄某只是陈述洪某知道包裹里有毒品，并没有解释洪某是如何知道有毒品的，这就不能排除黄某是推测洪某可能知道。

通过阅卷，我们发现了原审法院两次“有罪推定”的逻辑不完整：一次是黄某认为洪某看到包裹里白色粉末就能推断洪某明知这是毒品；另一次是洪某与黄某搭乘同一辆摩托车就推断洪某有运输毒品的犯罪故意。

第一个疑点，我提出“当且仅当”白色粉末都是毒品时，洪某看到包裹里有白色粉末才是“主观明知”包裹里有毒品，但毕竟白色粉末的物品很多，并非都是毒品。第二个疑点，我认为洪某与黄某共同运输毒品需要现实意思联络或运输过程中的通谋，碰巧与运输毒品的犯罪分子搭乘同一辆交通工具，并不能证明其有运输毒品的犯意。

共同犯罪不能扩大化理解，否则我们与犯罪分子坐同一辆车的或者搭乘同一架飞机的，难道我们也构成共同犯罪？刑事案件更要求“有一分证据说一分话”，于是，本案我们尚未会见被告人就已经发现案件的辩点。

原审法院因为被告人遇到公安机关有逃避检查的行为，就认为被告人明知包裹里有毒品而且有犯罪故意，这是忽视了被告人吸毒后畏惧公安机关盘查，其逃避检查是正常反应，可以做出合理解释。

该案后来会见被告人时，我们核实了洪某对这些疑点的解释，洪某完全同意我们的分析意见，并在上诉状上签名。省高级人民法院没有开庭，只是要求我们提交书面辩护词，后来裁定发回重审。中级人民法院另行组织合议庭开庭审理本案，我们继续坚持无罪辩护，最终拿到了极为难得的一份无罪判决书。

二审阅卷，关键是找到原审判决所依据的事实与理由，全面核查这些事实背后证据的合法性、真实性、完整性，并根据法律规定做出阐释。侦查机关的起诉意见书，检察院的起诉书，一审法院的判决书，都要一一阅读整理，特别是“本院审理查明”后面的部分。原审法院如何查证事实的客观性，如何论证有罪的逻辑性，如何阐述量刑的合理性，都是技术辩护律师的辩护切入点。

技术辩护其实就是证据辩护，因此律师不仅需要使用“三斧头半”质证方法全面审视原审证据，而且要审查原审法官如何解读这些经过质证的证据。我一直主张一审期间律师要穷尽各种程序辩护，特别是申请证人或侦查人员到庭、申请鉴定人员或专门知识的人出庭、申请重新鉴定、申请非法证据排除甚至管辖权异议、回避申请等，是因为这些程序性工作只要存在疏漏，就都是二审法院发回重审的依据。

值得强调的是，这些程序性辩护需要遵循“有利、有理、有力”三原则，切不可无依据地使用，更不能不当使用，提醒办案机关对自己的被告人从重处罚。

原审法院的判决书如同一篇“议论文”，既要建立在证据的基础上，还要通过逻辑论证罪名如何成立。律师不仅需要在证据辩护上下功夫，审查法院查明的事实是否合法、是否完整，更应当去质疑法院的论证是否具有“结论唯一性”，能不能做出“合理怀疑”。固然一些毒品是白色粉末，但并非所有的白色粉末都是毒品，这就需要更多的证据来指向被告人“知道或者应当知道”这是毒品。

刑事辩护注重实践，这就要求实证。刑事辩护不是不可以推演，但推演必须要有法律依据或者司法解释依据，否则就超越了“罪刑法定原则”。

阐述量刑的合理性，则是针对轻罪辩护的案件。最高人民法院与地方高级人民法院的量刑指导意见，其实就是律师判断原审法院判决是否“畸重”的关键因素。原审法院认为“情节严重”的表现有哪些，二审阅卷则重点针对这些“情节严重”的环节寻找证据支持，看看原审法院量刑的依据是否确凿。例如，前文提及的钱某非法拘禁案件，该案在量刑方面仅凭口供认为存在殴打情节，却没有任何伤情鉴定甚至伤痕鉴定，这就使殴打情节的真实性存疑。

对于那些有同案犯上诉的案件，二审阅卷则需要分析同案犯辩护律师的辩护词、法律意见书，从中找到可供借鉴的部分。律师阅卷时，还需要查找相同罪名的无罪判决书或轻罪判决书与辩护词，这也是“站在巨人的肩膀上”，我们可以望得更高看得更远。

律师辩护不是“单打独斗”，而是充分借助其他律师的“思维大脑”，共同进步、共同探讨。

第二十七讲 | 二审会见

技术辩护办理二审，如果条件允许，建议在阅卷后去会见；如果时间紧迫，如今天找到律师明天就要上诉期满，那么律师就只能先去会见。若律师代理了一审案件，则可以有充裕的时间办理上诉；书记员通常会在判决书下达给被告人后两天内通知律师，律师只需要去法院复印出法院卷宗即可，然后制作好完整的上诉状，从容不迫会见被告人并办理上诉手续。“二审换将”的案件，我建议家属保留一名原审辩护律师，一则有原审律师参加方便阅卷；二则可以通过参加了一审的律师了解一审存在的情况，方便找出二审辩护方向。

如果是二审才介入案件，甚至家属没有继续委托参加了一审辩护的律师参与二审，那么二审新介入的律师只能“从头再来”。案卷不多的或者时间充裕的案件，可以先去阅卷再去会见并办理上诉手续；如果是案件较多或者时间紧急的案件，律师也就只能先去复制卷宗并快速浏览卷宗，然后根据起诉意见书、起诉书、一审判决书、一审庭审笔录制作简易版上诉状，先去办理上诉手续再提交完整版上诉状。

技术辩护律师第一次会见，需要询问被告人是否要上诉、对原审判决书有“哪些不服”、对律师撰写的上诉状有“哪些要补充”的。如果被告人放弃上诉，则律师需要被告人在起诉书上写明“我放弃上诉”字样，这样也好对家属有个交代。

当然，也有被告人本来要放弃上诉，看到律师撰写的上诉书后发现“有冤情”，这才决定上诉。这也说明律师撰写的上诉状需要保证质量，即使是简易版上诉状，也需要把原审判决书中存在的漏洞逐一发掘出来，这不仅是为了说服二审法官，更是说服被告人不轻易放弃上诉的机会。

被告人主动要求上诉的案件，律师需要向被告人查明上诉理由。被告人在案发现场，熟悉案件自身的缘由，当然也就能够说明自己的“冤情”之所在，方便律师完善上诉意见。律师此时的会见，更多是通过被告人来了解原审判决存在哪些问题。律师还要向被告人解释这些问题，哪些属于案件漏洞，哪些属于自己的理解错误。对于案件漏洞，律师当然要不断深入并加以放大，说服二审法官。对于被告人的理解错误，律师则需要帮助被告人答疑，让他清楚法官判决的有相应的法律依据。律师需要实事求是，让上诉人懂得哪些判决确有错误，哪些判决并无不当，从而更真实地了解自己的处境，避免产生不切实际的幻想。

二审介入的律师，要获得被告人的信任，第一次会见也需要注意沟通艺术。这时的律师要让被告人发现自己的业务能力不错，能够发现原审律师没有发现的案件辩点。这时律师能够起草一份高质量的上诉状极为重要，一份能够说服被告人的上诉状才是合格的上诉状，这将可以快速取得被告人信任。

不过，律师也需要注意职业道德，任何时候都不能流露出对原审辩护律师的不满。只有职业道德无可挑剔的律师，才能在人格魅力上使被告人折服。

许多明显存在冤情的案件，一审辩护律师也提出来了，但原审法院没有接受。这不是因为一审辩护律师不尽职尽责，更不是因为一审辩护律师不够专业，而可能是因为一审法院面对社会舆论等压力，难以作出轻罪或者无罪判决。此时辩护律师既要说服家属或者被告人体会到原审辩护律师的难处，又要体现自己在二审阶段能够更好说服法院。

我曾办理了王某等制造贩卖524.3公斤毒品案件，家属从侦查阶段就委托我代理。该案我一直坚持无罪辩护，一审法院还举行了庭前会议，花了整整一天时间询问被告人，开庭先后3次询问被告人，可见法院对这种“大案要案”的重视程度。面对如此大的数额，原审法院毫无悬念判决了两个死刑立即执行，我的被告人也是其中一个。一审判决前我曾告诉被告人与家属，这个案件占了当地 2/3 的毒品数量，中级人民法院判决死刑是难免的，我们应该把辩护重点放在省高级人民法院。

在中级人民法院辩护期间，我全盘否定公诉人的证据，不仅从取证程序不符合“五个当场进行”上否定规范性与同一性，而且从现场毒品与被告人关系上否定关联性，还认为不能排除存在真凶逃逸或者真凶是“线人”的推测。

我从特情侦查、现场勘查、毒品称量、鉴定意见、证人证言、询问笔录、询问被告人等方面切入，要求公诉人一一举证来说明其证据来源的合法性、取证的规范性、论证的逻辑性，并要求排除合理怀疑。法庭质证与法庭辩论比较激烈，双方围绕特情侦查、证据来源、检验规范进行“攻防”，我们将调查取证的疏漏，如没有全程录音录像、没有现场称重等加以扩大，认为证据存疑、证据被污染，不能有效查明事实。

一审法官对我的 7 点辩护意见逐一进行了回应，回避了特情侦查手段，认为当事人是主犯而且是“制毒师傅”，还是制毒地点的选定者，我的被告人王某被判决死刑立即执行。因此，这次二审会见我的主要精力就是围绕特情侦查、“制毒师傅”、地点选择等方面深入进行。

我详细询问王某，有没有觉得从远在千里之外的安徽萧县找到制毒物品并运到广东存在异常；有没有关键人物在案卷中突然消失；有没有人看到你在制毒现场；有没有人看到你在选择制毒地点。二审中，我们的重点放在“保命辩护”上，集中火力否定一审判决书中作出死刑判决的依据。但毕竟本案毒品数量特别巨大，就是否定掉 90% 的数量也是死刑。因此律师对毒品数量的辩护更多是“助攻”，否定他是“制毒师傅”的身份、否定他选择了制毒地点等主要行为才是“主攻”。

王某在会见过程中，详细向我解释了他所发现的案件疑点。我将这些疑点整理成会见笔录，作为撰写法律意见书的指引。我还在会见中告诉王某，死刑案件二审一定要开庭，因此他的工作就是陈述事实中明确存在哪些疑点，我会在开庭询问被告人时向这些可能存在疑问特别是存在特情引诱、能够否定其是“制毒师傅”的环节重点突击。

律师保命辩护最担心的就是不知道法院做出死刑判决的真实缘由。只要知道了法院作出死刑判决的思路，当然也就能够借势而为。

我当时还“发明”了一个词语，即“控制下制造”，描述整个制毒行为都是在公安机关“布控”下进行，既然被告人都在公安机关“布控”的监控网上，当然是随时可以“收网”。“游老板”提供制毒资金，又联系制毒原料，还表示制好了毒品他按照价格购买，这说明“游老板”才是本案“真凶”。

至于王某，不能因为他是化学工程师，就认为他是“制毒师傅”。人们称他为王工，只能说明他工程师身份，而不能说他是本案“制毒师傅”。选择制毒地点，也是“游老板”授意，恰恰是利用了本案被告人“人性的弱点”，找他们熟悉的地点来制毒。虽然本案制毒数额特别巨大，但毒品本就处于公安机关“控制下”，因此它不具有任何实际危害性。

本案后来“保命”成功，很大程度上就是被告人王某在会见中向我描述“游老板”有哪些可疑之处，之后找到了辩护方向。刑事案件我们最怕的是不知道“辩护方向”在哪里，这就需要去探索发现“法官是怎么想的”。

二审会见并不是完成上诉手续这么简单，而是“核实上诉理由”甚至“挖掘上诉辩点”，这就需要辩护律师与被告人深入沟通交流。此时律师既要告知被告人原审判决存在哪些漏洞，又要让被告人陈述他自己发现了本案存在哪些疑点。律师不能单凭卷宗去辩护，须知事实部分只有被告人最熟悉。

二审会见，是深入畅谈，也是关注疑难。

第二十八讲　二审约谈

技术辩护完成了上诉、阅卷、会见，就应该安排约见主审法官。律师是“文才”“辩才”“口才”的综合技术服务人才，这也就意味着律师切不可错过与办案机关沟通交流的机会。“三才”哪一个都不能少，说服二审法官接受律师的辩护意见，这才是成功的辩护。

律师约谈主审法官，法官一般都愿意听取律师辩护意见。例如，深圳有些法官太忙，也会安排法官助理与律师见面，听取律师的意见。律师这次约谈主审法官，主要是三件事：第一，向法官反映本案存在哪些程序上的错误；第二，与法官商量需要补充哪些新证据；第三，向法官反馈本案存在“事实不清”的情形。律师需要让法官认识到本案有开庭审理的必要性，或者即使不开庭也应该将案件发回重审。至于二审直接改判，实践中虽然也有但真的不多。

上次谈到律师在一审辩护中要“穷尽”各

种程序辩护手段，只要对被告人有利且有相应的法律依据的，律师都应该提出管辖权异议、回避申请、证人与侦查人员到庭、鉴定人员或有专门知识的人出庭、重新鉴定、非法证据排除等申请。只要原审法官没有对律师上述程序性请求做出答复，就会成为本案“程序错误”发回重审的理由。因此，一审辩护的律师需要“勤奋”，做好各种程序性工作；二审辩护律师则需要“严谨”，发现案件的漏洞，这才可以“一击成功”。

二审辩护律师需要尽量争取开庭审理，这就需要在约谈法官时向法官提出开庭的必要性。《刑事诉讼法》第234条规定了3种必须开庭的情形，即“被告人、自诉人及其法定代理人对第一审认定的事实、证据提出异议，可能影响定罪量刑的上诉案件”“被告人被判处死刑的上诉案件”“人民检察院抗诉的案件”。这么多年我办理的案件只有一单敲诈勒索国有企业的案件检察院认为法院不该改变罪名轻判提出抗诉，其他的案件都是被告人提出上诉。

二审法院开庭审理的刑事案件，基本都是判处死刑的案件，而被告人对一审认定的事实、证据有异议的案件，经常因为二审法官不认为“可能影响定罪量刑”拒绝开庭审理。因此，说服二审法官开庭审理案件，也就成为辩护律师约谈法官的重要目标。

技术辩护律师向二审法官反馈本案存在哪些“事实

不清，证据不足”的情形，既是向法官解释被告人上诉的原因，也是让法官意识到一审并未有效查明事实，需要开庭查清事实，或者发回重审。建议律师此时带上法律意见书，列明原审判决中哪些事实的认定缺乏证据支持，不能排除哪些合理怀疑。法律意见书要保证其专业性与可读性，让法官迅速发现案件存在哪些疑问难以合理解释。

我曾在深圳代理了马某集资诈骗罪的二审辩护，马某的家属通过张元龙律师主编的《经济犯罪有效辩护实务经验谈》一书找到我，很认可我的“技术辩护”思维。当时该案已经进入二审阶段，我接受委托后迅速完成了阅卷与会见，随后与几位同案犯辩护律师一起约谈主审法官。主审法官因要事在身，故让法官助理接待了我们。法官助理在此次约谈中很严肃地拿着笔记本做记录，听取我们几位律师的意见。

我对这次约谈准备充足，因为此前我们律师所刑事部刚刚组织了疑难案件分析会，十几位专业律师包括警察、法官转行的律师群策群力，对该案件展开了分析。在与法官助理交流时，我提交了法律意见书，还当面陈述了本案存在的事实不清问题。除了同案犯指认，没有任何证据我的被告人马某是涉案公司的实际控制人，马某控制公司需要具体的表现形式与管理手段；马某账上的资金，需要查明其实际用途，核查其是借款、往来款还是分红；与马某有关的公司有 3 个，它们之间究竟是什么关系，也没有查实；马某是否熟悉其项目对接的实际情况，涉案该公司是否有资金实力，是否进行了实体经营，基本事实不清；受害人提出的受骗金额，没有按照证据要求提供合同、转账记录与收款收据“三一致”，需要重新核实。我还向法院提交了重新进行价格鉴定的申请书与关键证人出庭的申请书，要求法院充分考虑到本案存在诸多事实不清的情形，进行开庭审理。

在全体辩护人陈述完毕后，法官助理问我们对二审有什么要求。我提出最好是开庭审理，如果时间太紧急则建议以事实不清证据不足发回重审。其他辩护人也同意这个意见，法官助理做了记录，表示自己会如实向主审法官反馈。对于疑难复杂的案件，法官当然希望当面听一下律师的辩护意见，方便他们选择究竟要不要开庭，或者要不要发回重审。本案后来如期发回重审，也就为律师坚持无罪辩护预留了空间。

技术辩护讲究有理有据说服办案机关，因此不能放过任何与办案机关交流的机会。律师能够在几分钟内表述清楚自己的话语，这才是办案机关最愿意听到的。

将心比心，此时，换了我们是二审法官，我们当然最关心本案是否存在冤假错案，能不能顺利结案。因此，言简意赅向办案机关展示本案存在哪些证据不足，需要如何补充调查，这才是主审法官与辩护律师共同关心的。

交流需要共同基础，律师与法官共同基础，就是阅读同一套卷宗，使用同一种逻辑，遵从同一部法律。他们只是用不同的方式归纳证据解读法律，最终的目的都是契合法律逻辑。律师与法官之间的交流更多是共同找出案件分歧，然后去协商这些分歧该如何解决。

律师能够说服法官，则法院会作出改判；律师不能说服法官，也不能让法官察觉分歧的客观性，则法官会维持原判。律师不能说服法官，但律师意见足以让法官意识到分歧客观存在，则法官会将案件发回重审，让原审法院来查明事实做出判决。

我曾在甘肃办理了马某强奸案，二审开庭前夕我去约谈主审法官。在法官办公室里，我向主审法官提出本案存在明显的证据不足。受害人既然曾经出嫁而且是已婚女子的打扮，显然马某不可能认为受害人可能是未成年人，更不可能超验认为受害人可能精神异常。受害人在与马某发生性关系过程中，没有任何异常行为，显然马某认为他们之间是自愿的而不是强奸。现有证据只有被告人第一次讯问笔录中表示受害人离开时，他发现受害人有些狂乱，一则这是在两人发生性关系之后而不是之前；二则被告人此后的口供都没有如此表述，还当庭表示没有这样陈述，因此不足以证明马某知道或者应当知道受害人可能神经异常，没有性防御能力。因此，不能因为受害人的家属认为肉眼能够判断受害人精神异常，就要求其他人也能肉眼判断出受害人的精神异常，毕竟当天受害人衣着干净，更没有行为反常。同案犯懂当地方言，也认为受害人衣着干净、思维正常，显然案发时没办法通过肉眼分辨出受害人可能没有性防御能力。

主审法官听了我们的表述，没有直接回应本案会不会当庭改判无罪，但也表示我们提出的疑问他们会认真考虑。该案很顺利发回重审，甚至支持公诉的检察官也同意律师的辩护意见，建议本案发回重审。

二审约见主审法官，律师需要高度重视。律师需要充分利用这次沟通的机会，把自己的主要意见当面陈述给法官，帮助法官发现案件的漏洞与逻辑不通之处。

一些律师不愿意约谈法官，总觉得自己不需要庭前与法官坐下来交流，甚至担心这种交流会被人猜疑。其实庭前交流也是主审法官听取辩护律师意见的正常安排，律师完全可以把各种程序性的要求甚至各种书面申请在这次约谈中提交。这不仅体现律师的专业与敬业，也是体现律师与法官交流的诚意。

律师的辩护工作需要通过说服办案机关才能发挥作用，须知作出裁判的是法官而不是律师。因此，如何用法官易于接受的方式说服他们，才是律师辩护的精髓。

通过交流才能说服，二审约谈主审法官，也是律师辩护的“主战场”。

第二十九讲 补充证据

刑事案件关系到人身自由，但司法实践中除非是检察院抗诉或者死刑案件，法院都可以“不开庭审理”。

二审程序的设置，是为了纠正一审程序可能存在的过错，避免出现冤假错案。因为“不开庭审理”的普遍存在，大量刑事上诉得不到重视。这么多年来我办理了大量刑事二审案件，开庭审理的不多，直接改判虽然也有但太少，因此二审能不能补充证据成为辩护能够成功的关键。

《刑事诉讼法》第233条规定：“第二审人民法院应当就第一审判决认定的事实和适用法律进行全面审查，不受上诉或者抗诉范围的限制。共同犯罪的案件只有部分被告人上诉的，应当对全案进行审查，一并处理。”这说明二审法院对上诉案件有义务全面审查。不过，《刑事诉讼法》第234条虽然规定了4种情况“应当组成合议庭，开庭审理”，但死刑以外刑事案件，辩护律师能够争取法院开庭审理的有限。

二审法院开庭的案件，都会关注原审法院审理查明部分是否有异议，而仅仅因为法律适用问题作出改判的不多。因此，要加强律师二审辩护的说服力与“开庭率”，如何在二审期间补充证据就成为一门重要的辩护技术。

律师调查取证或者申请办案机关调查取证，一直都是有效辩护的重要手段。二审辩护期间如何调查取证或者申请法院调查取证，也成为说服二审法官的基础性辩护手段。律师此时应当全面关注那些可以补充证据的方式，特别是申请证人或有专门知识的人到庭、申请重新鉴定、申请调取新的证据等。

有些律师认为，为了保证二审有“新证据”可以开庭审理，一审期间可以不将全部证据提交给法院。这种方式固然可能有利于争取二审开庭，但会削弱一审的举证能力，有些得不偿失。毕竟律师辩护的目的，在于说服办案机关接受律师的辩护意见；开庭并不是关键辩护目的，只是上诉辩护中的程序性手段。如果是证人到庭、重新鉴定这些新证据，还是建议在一审期间都拿出来，二审的新证据最好是一审后发现的证据。

刑事上诉中有一个争取改判的“终极武器”，那就是“退赃”或者“赔偿获得谅解”。我是无罪辩护的拥护者，因此只要有无罪辩护的机会，我都是倾向于无罪辩护原则。

这些年来只要是有受害人的案件，只要存在无罪辩护空间，我都是坚持无罪辩护模式，全面质疑公诉机关提交的证据。二审期间则采取“认罪退赃”或者“赔偿获得谅解”的方式，争取二审法官直接改判。当然，如果一审期间被告人可以通过“认罪退赃”或者“赔偿获得谅解”等方式争取到法院判处缓刑、“关多久判多久”，律师一定不可放过。

2012 年在广东我曾代理了胡某非法经营案件。胡某是生产包装箱的个体户，公安机关因为他在包装箱上印制三四个说明用途的文字而将其定性为“非法印刷”。我一直坚持胡某无罪，因为胡某在外包装上印制说明用途的文字，这并不属于出版物。《出版管理条例》（2011 年版）第 2 条对“出版物”的解释是指“报纸、期刊、图书、音像制品、电子出版物等”，并没有把包装箱上的说明性文字列为出版物，显然也就不属于“非法印刷”行为。现有法律、行政法规等国家规定都没有把装潢印刷列为行政许可，现有法律、法律解释、司法解释也没有把印刷装潢列为“非法经营罪”范畴，因此，指控胡某构成非法经营罪于法无据。

该案我坚持了无罪辩护，一审法院以“律师的辩护没有任何事实和法律依据”为由，作出 3 年有期徒刑的判决。二审期间家属继续委托我辩护，我当然还是坚持无罪辩护，认为不仅将包装箱上印制的说明性文字理解为“非法印刷”行为没有法律依据，而且《刑事审判参考》一书中也没有任何相关案例支持这种定罪行为，建议二审法官改判无罪。

补充证据时，只要是有合法来源的“八项证据”，律师都应该全面审视是否可以补充，如通过家属找到证人要求他们提交书面证言并同意出庭作证。之所以一审期间就要申请证人到庭，就是为了二审做准备。那些能够证明被告人不在犯罪现场的证人，那些证明被告人有从轻情节或者受害人有过错的证人，都应该是律师重点寻找的对象，然后向法院提出调查取证申请，并通过家属联系证人到庭。那些不利于被告人的证人证言也需要甄别，只要“不会更坏”都可以申请其到庭。面对大量的出庭申请，二审法院意识到有较多新证据的情况下，他们的反应必然是要么“开庭审理”，要么“发回重审”。

卷宗中只要存在鉴定意见，律师都应该认真查看是否有重新鉴定的必要性与可能性。即使法院不同意重新鉴定，律师都应该将质疑与申请从一审坚持到二审，甚至申请有专门知识的人出庭，帮助二审法官查明事实。无论是法官还是检察官甚至律师，都需要有专门知识的人帮我们做出判断。即使一些专家证人不便于出庭，律师也应该听取他们的解释将书面意见提交法庭。

我办理刑事案件，经常向身边几位老朋友求助，人身损害必然求教于法医朋友，毒品案件请教于化学工程师朋友，消防案件请教消防工程师朋友，税务案件请教税务师朋友，这才能用自己的专业知识说服办案机关。技术辩护需要借助专家学者的专业技术支持，这才是“以专业化对专业化”。

我曾办理黄某故意伤害致人死亡案，我们提出被告人遭受受害人多人围殴、受害人自身存在重大过错引起冲突升级等。家属当时提出向受害人家属进行赔偿换取谅解，但被害人家属严词拒绝。一审法院做出无期徒刑判决，我们继续代理上诉。我向家属提出，无论受害人家属是否接受赔偿，我们都要做出赔偿举动，可以把赔偿款交给二审法院，让法院转交。当然，律师也可以继续与受害者家属沟通，看看他们是否能够缓解严重敌意。

拿到判决书后，受害人家属态度逐渐缓和，接受了被告人的赔偿，并在律师制作的刑事和解协议与谅解书上签名盖手印，我们将这些作为新证据提交给省高级人民法院。不久省高级人民法院作出判决，从无期徒刑改判为15年有期徒刑。

由此可以看出，二审法院十分重视新证据，这就引导我们律师辩护时尽量去补充证据，方便二审法院开庭审理，或者直接作出改判决定。

律师需要设身处地站在二审法官角度考虑，用什么理由纠正一审法院做出的判决，既能尊重一审法院，又能保障被告人合法权益。那些存在受害人的案件，法官会高度关注受害人或其家属的态度，避免出现“涉诉涉访事件”。因此，律师需要说服受害人或其家属接受赔偿并做出谅解。

刑事辩护是一门说服技术，律师办理刑事上诉需要读懂二审法官的难处，从而找到开庭审理或者改判的理由。只要存在“事实不清”，只要存在新证据，二审法官为了避免产生冤假错案，一般都不会直接维持原判。

第三十讲 | 辩护意见

技术辩护在二审阶段最直接的目标，是说服办案机关改判或者发回重审。虽然争取二审开庭并不是二审辩护的目标，但二审能够开庭审理，也增加了律师的庭审辩护说服可能性。律师应当在二审阶段及时向法院提交辩护意见，提醒法官注意案件存在哪些疑问。这种辩护意见既包括法律意见书，也包括质证意见书与辩护词，是一审开庭审理的延伸。

刑事案件二审开庭审理，如果不是因为检察院抗诉或者涉及死刑，那么必然是法院发现案件“事实不清”可能影响定罪量刑，需要通过庭审的方式来有效查明事实、正确适用法律。

二审法官最关心的，是律师对于原审判决书中“本院审理查明”的基本事实有哪些异议。律师当然需要全面质疑原审法院“审理查明”的案情。任何事实部分都需要学会产生怀疑，律师全面审查证据来源合法性、取证主体适格性、取证程序规范性、逻辑结论唯一性等，从而剔除那些“可疑证据”。我们都不在案发现场，也不能预知过去和未来，只能从证据基础上得出准确结论，来判断被告人是否有罪、是否重罪。

技术辩护律师在开庭审理的案件中，要穷尽各种办法申请证人到庭，特别是那些指认被告人有罪的证人。如果是同案犯将责任推给被告人，辩护律师更需要在庭审中详细查明。“案发时你在哪里”“你是否亲眼看到案发现场”“你如何知道被告人某行为”，这些已经成为律师核实案情的关键性发问。

证人或同案犯的有罪指认，审核究竟是“原始证据”还是“传来证据”，考察几个证据属于“多源证据”还是“同源证据”，大胆设想究竟是“巧合”还是“必然”。刑事案件开庭审理时，律师切不可错过“全面质疑”现有证据的机会，只要能动摇法官的“内心确信”，就足以引起法官的重视。

许多人认为法官、检察官都是法律专业人士，因此律师的辩护意见“点到为止”即可。其实，这种观点忽视了一个现实问题，那就是许多法官由于案件积压过多，没有时间像律师那样详细研究案情。这就需要律师详细阐述案件存在的各种漏洞，提醒法庭注意，而不能期望法官能够像辩护人一样思考问题。“钟不敲不响，话不说不明。”律师需要尽职尽责发现案件疑点，而不能将责任推给合议庭。

汤光仁律师说得好，特情引诱是毒品犯罪保命辩护的“免死招牌”，律师能否从现有证据中发掘到可能存在特情引诱的蛛丝马迹，是免死辩护能否成功的关键。技术辩护律师对于数额特别巨大的毒品犯罪辩护，就需要借助汤光仁律师的辩护思路，去寻找“案情异常”之处，分析可能存在哪些正常侦查难以发现的案情。我在茂名办理的王某等制造贩卖 523.4 公斤毒品案件，就是因为成功让法院意识到“案情异常”，难以排除有特情引诱的嫌疑，从而成功改判保命。

2018 年我在湖南常德办理当地新中国成立以来最大一单毒品案件的免死辩护时，也是全面探索发现存在的“异常事件”。数额特别巨大的毒品犯罪案件基本都存在特情引诱手段，律师需要做的是引起法官的重视。

其实数额特别巨大的毒品案件一般有个共同“特点”，那就是公安机关早就发现了制毒的迹象，但他们出于种种原因的考虑，并不急于在运输制毒物品阶段就实施抓捕，而是等到完成制毒工序后再“收网”。这就为律师的免死辩护提供了切入点，让法院意识到这些毒品在办案机关严密监视下不可能流入社会，也不可能造成实际社会危害。

我办理的第一个二审直接改判的案件，就是钱某非法拘禁案件。当时我在上诉状中明确了原审法院既没有验伤报告，也没有被害人指认，显然不能依据被告人“自认有殴打”就认定确实“有殴打”。二审法院没有开庭，只是要求我提供辩护词。我在提交辩护词时约见主审法官，向他说明本案固然客观存在非法拘禁的事实，但殴打情节却缺乏有效证据，建议法院依法纠正。后来法院直接改判，刑期从两年两个月缩短到一年两个月，让我有些“小惊喜”。

二审刑事案件绝大部分都是不开庭审理，这就意味着律师需要通过提交法律意见与约谈主审法官的方式来加强沟通。《刑事诉讼法》第234条第2款规定：“第二审人民法院决定不开庭审理的，应当讯问被告人，听取其他当事人、辩护人、诉讼代理人的意见。”这说明二审法院“不开庭审理”时，需要听取辩护人的意见，这也给辩护律师开辟了“听取意见”的通道。律师参与开庭当然更好，能够询问同案犯甚至证人，能够与支持公诉的检察官根据事实有理有据地深入交流，能够全面审查原审判决的合法性、合理性。

但是，即使二审不开庭，律师也应该像正常开庭一样，向法官提交质证意见、辩护意见。当然，不可能询问被告人，也不可能与检察官辩论，律师就只能把询问提纲植入质证意见，把辩论意见导入辩护意见。

律师可以在质证意见中将自己认为证人、同案犯可疑的陈述列举出来并加以分析，找出其不合理、不合法部分。针对检察官驳斥自己的意见，律师在辩护意见中应立足辩护观点加以详细阐述。

技术辩护需要借助数学思维，充分条件（有A就有B）、必要条件（有A才有B）、唯一条件（A成立时B成立，B成立时A成立）。我在浙江办理赵某丰组织卖淫案，二审涉及不参与经营管理的投资人是否必然明知洗浴中心存在色情服务时，我就提出唯一条件原则，即“当且仅当”所有的洗浴中心都有色情服务时，赵某作为不参与经营管理的普通投资人，才可以直接被“推定”为主观明知洗浴中心存在色情服务。原审判决书没有对赵某丰如何知道洗浴中心存在色情服务进行论证，单凭他是投资人就认为他“明知”现场存在色情服务，显然是建立在一个错误的逻辑前提下。逻辑推导中，大前提错误，无论推论如何严密必然不能得出正确结论。

我在提交给二审法院的辩护意见中，提出了三点意见：第一点意见是“现有证据不能有效证明赵某丰对某浴场存在色情服务主观明知”，法律并不禁止投资洗浴场所；第二点意见是“赵某丰没有参与某浴场的经营管理，仅履行出资人的一般义务”，即使现场存在色情服务也与赵某丰无关；第三点意见是“口交等非性交色情服务没有被任何法律、法律解释或司法解释明确列为刑法上的卖淫行为”，原审法院不能依据法理解释或者个人理解对刑法上的卖淫行为进行扩大解释。

原审法院认为股东对卖淫活动具有主导权和决策权，但没有任何证据能够证明赵某丰参与股东会决策时有讨论色情服务行为，更遑论卖淫行为。该浴场由大股东赵某梁与经理李某庆具体负责，他们才是该浴场经营行为的主导者和决策者，不参与管理的股东只享有出资权与分红权。现有证据也表明，如何经营、是否采用不直接发生性交行为的色情按摩，系大股东赵某梁与经理李某庆商定，不需要提交给股东会讨论决定，更不需要通知股东赵某丰，显然股东赵某丰对浴场存在色情服务完全不知情，更没有任何组织行为。法律并不禁止股东不参与经营管理，出资权和经营权的分离也是现代企业制度的核心。

该案原审法院认定构成组织卖淫罪，但在法定刑以下作出了 3 年多的判决。二审我们继续坚持无罪辩护，希望有一个好的结果。根据我多年的办案经验，我的第三点意见能够被接受的可能性不大，虽然严格按照“罪刑法定原则”，该意见很难被二审法院否定，但法院一旦接受该意见，则意味着全案都要改判无罪。如果二审法院能够接受我的第一点与第二点意见，被告人赵某丰也能在不影响其他人判决的情况下被判处无罪。

刑事辩护二审阶段，无论是开庭还是不开庭，律师都应该把主要精力用在举证与质证上。不开庭审理与开庭审理之间，差了一个询问被告人环节与法庭辩论环节，但辩护律师可以在书面材料中将其补充完整并提交给二审法官。律师切不可因为是不开庭审理，就省去了自己的举证权利、质证权利，而应该把自己的观点都写入辩护词。

技术辩护律师的“辩才”如果不能在不开庭审理中体现出来，那就应该强化在“文才”与“口才”方面的技术服务。

附录一

王某制造贩卖毒品二审免死辩护词

广东某律师事务所接受被告人王某家属的委托，指派我担任其涉嫌制造毒品罪一案的辩护人。开庭前辩护人认真研读了起诉书，详细地查阅了本案全部卷宗材料，并依法会见了被告人，对本案有了比较全面、客观的了解，辩护人除坚持一审以及上诉状中的辩护意见之外，现结合庭审情况，发表如下辩护意见，请合议庭讨论时充分考虑：

一、被告人王某在本案中属于从属地位，原审判决认定王某为主犯，事实不清、证据不足

1. 原审判决认定被告人王某在本案寻找制造毒品的地点中起主导作用，事实不清，证据不足。

原审法院认定王某在寻找制造毒品的地点中起主导作用的依据，仅有被告人邱某的口供，而没有其他证据予以佐证。王某当庭述称邱某是有跟自己讲想要租养殖场，王某也只是

告诉邱某让他自己去跟老板谈，其并未参与租赁该养殖场的事宜，且侦查机关也未查获制毒地点的房主，也就无法查明是谁去跟养殖场老板谈租赁事宜，租金又是谁支付的。因此，认定王某在寻找制造毒品的地点上起主导作用也就事实不清，证据不足。

2. 被告人王某是按照被告人邱某的指示去购买化工原料以及器材，并且其购买时也不知情邱某购买化工原料的用途。

被告人王某是从事化工原料贸易的商人，其之所以购买化工原料及器材是受其客户邱某的指示；并且，也没有任何证据表明王某在购买化工原料时对邱某的制毒目的是知情的。王某当庭供述也称其只是按照其指示购买化工原料与器材，并不知情其用途。因此，在购买制造毒品的工具及配料中起到主导作用的应是被告人邱某，而不是被告人王某，其只是被邱某指示，购买市场上随处可见的化工器材与原料。

3. 原审判决认定被告人王某在制造毒品的过程中起主导作用，操作和指挥整个制造毒品的流程，起主导作用，证据不足，事实不清。

原审法院认定被告人王某在制造毒品过程中起到主导作用，但其在侦查机关的供述不属实，其根本未参与到制造毒品的过程，不懂得制毒技术，也不可能在制毒过程中起到主导作用；而被告人蔡某也当庭供述称其在侦查机关的供述不属实，王某从未指挥他制造毒品。辩护人当庭询问蔡某是否在犯罪现场见过王某以及其是否知道王某是“制毒师傅”，其称在犯罪现场未见过王某，其对于王某是否是“制毒师傅”根本不清楚。而原审法庭认定被告人王某在制造毒品中起到主导作用，仅有上述三被告前后不一致的供述，没有其他证据，因此，认定被告人王某在制造毒品的过程中起主导作用，操作和指挥整个制造毒品的流程，起主导作用，证据不足，事实不清。

4. 王某既不是犯意发起者，也不是制毒组织者；其既不是本案制毒资金的提供者，也不是必不可少的制毒原料“料头”的提供者，也未参与其运输，其在制毒过程中只起到很小作用，应依法认定为从犯。

据第一被告人邱某述称，其参与组织制造毒品，是受“游老板”指示，“料头”及制毒资金是由“游老板”提供，制毒的成品也是“游老板”收购。由此可见，被告人王某在整个制毒犯罪过程中，所起到的作用是较小的，其既不是犯意发起者，也不是犯罪组织者，也不是制毒资金及必不可少的原料的提供者，其只是受被告人邱某指示去市场购买了随处可见的化工器材与原料。

因此，原审认定被告人王某是主犯，事实不清，证据不足，其在整个制毒过程中，只起到从属与次要的作用。

二、被告人参与制毒受到公安机关全程监控，不可能造成实际危害后果

根据公诉机关提供的《破案报告》，2014 年 4 月 24 日 M 市公安局禁毒支队就接到广东省公安厅禁毒局转来广公

禁毒(通)字(2014)48号立案通知,称以外地人“亚聪”“小弟”为首的制贩集团在M市制造、运输、贩卖毒品,要求立案侦查。这说明原审被告人邱某以及被告人王某在M市制毒贩毒的行为于2014年4月24日前就已经被公安机关全程监控。公诉机关指控2014年4月25日原审被告人邱某指使原审被告人蔡某等人从安徽宿州把制毒原料运回M市制毒场所,4月28日原审被告人邱某伙同被告人王某等人开始制毒,5月4日制毒人员被公安机关抓获。一方面公安机关完全可以在2014年4月28日原审被告人邱某与被告人王某等人开始制造毒品之前将其抓获,从而避免出现制造毒品既遂的法律后果;另一方面也说明原审被告人邱某与被告人王某等人制造毒品的行为从购买原料起,就处于公安机关监控之下,显然不可能造成任何实质性危害后果。

三、原审法院案件审理存在严重程序错误

1. 讯问笔录未依法全程录音录像。

《刑事诉讼法》第121条规定:“侦查人员在讯问犯罪嫌疑人的时候,可以对讯问过程进行录音或者录像;对于可能判处无期徒刑、死刑的案件或者其他重大犯罪案件,应当对讯问过程进行录音或者录像。录音或者录像应当全程进行,保持完整性。”

《公安机关讯问犯罪嫌疑人录音录像工作规定》(公通字〔2014〕33号)第4条规定:“对下列重大犯罪案件,应当对讯问过程进行录音录像:(一)可能判处无期徒刑、死刑的案件……（四）严重毒品犯罪案件，包括走私、贩卖、运输、制造毒品，非法持有毒品数量大的，包庇走私、贩卖、运输、制造毒品的犯罪分子情节严重的，走私、非法买卖制毒物品数量大的犯罪案件……”这说明公安机关对可能判处无期徒刑或死刑的案件以及严重毒品犯罪案件，必须要全程录影录像。《公安机关讯问犯罪嫌疑人录音录像工作规定》第 14 条第 1 款规定：“讯问过程中，因存储介质空间不足、技术故障等客观原因导致不能录音录像的，应当中止讯问，并视情及时采取更换存储介质、排除故障、调换讯问室、更换移动录音录像设备等措施。”

本案中公安机关没有制作全程录影录像，甚至以机器设备故障为借口推脱没有全程录音录像的程序错误，说明公安机关取证过程存在严重过错，不能排除非法取证的可能性。

2. 侦查机关对于本案涉案毒品的扣押、封存、称量程序存在重大瑕疵无法补正。

本案涉案毒品未在抓捕当场在被告人面前扣押、封存并当场称重让被告人签字，而是将毒品运送到办案地点才称重并经被告人确认，其不能保证现场查获的疑似毒品与之后称量的毒品的一致性。侦查机关以所谓的查获地点偏远未携带称量工具，不能作为其程序重大瑕疵的合理理由。因此，侦查机关查获毒品的真实数量存在重大疑问。

四、对被告人判处死刑明显畸重

1. 本案重要案件事实未查证清楚，证明重要案件事实的证据未达到确实、充分，因此不应对被告人王某判处死刑。

《关于办理死刑案件审查判断证据若干问题的规定》第5条规定："办理死刑案件，对被告人犯罪事实的认定，必须达到证据确实、充分。证据确实、充分是指：（一）定罪量刑的事实都有证据证明；（二）每一个定案的证据均已经法定程序查证属实；（三）证据与证据之间、证据与案件事实之间不存在矛盾或者矛盾得以合理排除；（四）共同犯罪案件中，被告人的地位、作用均已查清；（五）根据证据认定案件事实的过程符合逻辑和经验规则，由证据得出的结论为唯一结论。办理死刑案件，对于以下事实的证明必须达到证据确实、充分：（一）被指控的犯罪事实的发生；（二）被告人实施了犯罪行为与被告人实施犯罪行为的时间、地点、手段、后果以及其他情节；（三）影响被告人定罪的身份情况；（四）被告人有刑事责任能力；（五）被告人的罪过；（六）是否共同犯罪及被告人在共同犯罪中的地位、作用；（七）对被告人从重处罚的事实。"而本案中认定被告人王某是主犯证据不足、事实不清，公诉机关提供的证据不足以证明被告人王某在本案中是主犯，不足以确实、充分地证明被告人王某在寻找制毒地点上、购买制毒原料与工具上以及在制毒过程中起到主导作用；并且本案讯问笔录未同步录音录像，毒品的扣押、封存与称量程序存在重大瑕疵。因此，本案关于被告人在共同犯罪的地位与作用，并未达到确实、充分的证明，不应对被告人判处死刑。

2. 从被告人王某的主观恶性与人身危害性的角度，以及本案的特殊情况出发，也不应判被告人王某死刑。

最高人民法院印发《全国部分法院审理毒品犯罪案件工作座谈会纪要》的通知（法〔2008〕324号）“二、毒品犯罪的死刑适用问题”规定“审理毒品犯罪案件，应当切实贯彻宽严相济的刑事政策，突出毒品犯罪的打击重点。必须依法严惩毒枭、职业毒犯、再犯、累犯、惯犯、主犯等主观恶性深、人身危险性大、危害严重的毒品犯罪分子，以及具有将毒品走私入境，多次、大量或者向多人贩卖，诱使多人吸毒，武装掩护、暴力抗拒检查、拘留或者逮捕，或者参与有组织的国际贩毒活动等情节的毒品犯罪分子。对其中罪行极其严重依法应当判处死刑的，必须坚决依法判处死刑”。被告人不属于前文中必须依法严惩的“毒枭、职业毒犯、再犯、累犯、惯犯、主犯等主观恶性深、人身危险性大、危害严重的毒品犯罪分子”，也不属于“将毒品走私入境，多次、大量或者向多人贩卖，诱使多人吸毒，武装掩护、暴力抗拒检查、拘留或者逮捕”的毒品犯罪分子，更没有“参与有组织的国际贩毒活动”，则对其判处死刑明显畸重。

最高人民法院印发《全国部分法院审理毒品犯罪案件工

作座谈会纪要》的通知“二、毒品犯罪的死刑适用问题”规定“对虽然已达到实际掌握的判处死刑的毒品数量标准，但是具有法定、酌定从宽处罚情节的被告人，可以不判处死刑；反之，对毒品数量接近实际掌握的判处死刑的数量标准，但具有从重处罚情节的被告人，也可以判处死刑。毒品数量达到实际掌握的死刑数量标准，既有从重处罚情节，又有从宽处罚情节的，应当综合考虑各方面因素决定刑罚，判处死刑立即执行应当慎重”。本案中被告人王某具有当庭认罪、没有犯罪前科且属于初犯偶犯等从宽处罚情节，“可以不判处死刑”。

本案未查实“游老板”的真实身份，且据第一被告人邱某供述，“游老板”即是本案必不可少的制毒原料“料头”的提供者，也是制毒资金的提供者，还是制毒成品的收购者。同时，本案早在2014年4月24日，即被广东省公安厅禁毒局通知立案，不能排除“游老板”是侦查机关“线人”的可能性；而公安机关直到2014年5月4日，同时将身处两地的被告人抓获，因而不能排除本案可能存在“犯意引诱”以及“数量引诱”的情形，依据最高人民法院关于印发《全国法院审理毒品犯罪案件工作座谈会纪要》的通知(法〔2000〕42号)，对存在“犯意引诱”情形的，“无论毒品犯罪数量多大，都不应判处死刑立即执行”；对存在“数量引诱”情形的，“即使超过判处死刑的毒品数量标准，一般也不应判处死刑立即执行”，因此对本案被告人判处死刑明显畸重。

综上所述，被告人王某在制毒过程中没有起到主导作用，且原审法院采信的询问笔录没有按照法律规定全程录音录像，被告人王某具有从轻情节，判处死刑明显畸重。请求二审法院查明事实后本着惩罚与教育并重的方针予以从轻改判。

此致

广东省高级人民法院

广东某律师事务所

余安平律师

二〇一六年八月十三日

（本案二审改判免死）

附录二

洪某涛涉嫌运输毒品罪二审无罪辩护词

尊敬的审判长、审判员：

广东某律师事务所受本案上诉人洪某涛及其家属的委托，指派我们担任其二审辩护人。接受委托后，我们依法会见了上诉人、调阅了相关卷宗。综合本案案情，辩护人认为一审法院认定洪某涛涉嫌运输毒品罪证据不足，事实不清，应依法认定洪某涛无罪，现发表如下辩护意见，请合议庭讨论时充分考虑：

一、一审法院认定洪某涛对黄某彪包里装有毒品是明知的，证据不足，事实不清，属于有罪推定

1. 洪某涛自始至终均供述称，自己在被抓获前不知道黄某彪包里是毒品；并且其在一审庭审中也称在被抓获后才知道黄某彪包里是毒品。

洪某涛第一次讯问笔录称（卷宗二，第23、25页）：“（公安机关）在阿彪身上查获到一个

白色手提包。”“(手提包里有何物)我不清楚。”“我是去厕所找阿彪的时候,看到阿彪的手提袋打开着,我翻开来看的时候发现的。阿彪跟我说他带的是底粉,即假K粉。”“我和阿彪因为底粉的事情吵了一架。”

依据洪某涛第二次讯问笔录(卷宗二,第29页),在公安机关讯问其“你是否有持有毒品的行为”时称“没有的”。

依据洪某涛第三次讯问笔录(卷宗二,第33页),公安机关讯问:“你是何时(知道)阿彪所提的手提包里面有毒品K粉?”洪某涛称:“是在被公安机关巡逻盘查时抓获时才知道的。”在公安机关讯问其:“‘阿彪’有无跟你说过他所提的手提包里面是毒品氯氨酮?”洪某涛回答“没有”。

以上足以表明,洪某涛的各次讯问笔录均供述称,其在被公安机关抓获前根本不清楚黄某彪的包内有毒品,并且其在一审当庭(一审判决书,第3页)也称:“我在被抓获后才知道黄某彪包里的是毒品。”

2. 洪某涛第一次供述称看到黄某彪手提袋里有底粉,这里的手提袋,指的是被抓获时其所提的、装有约5克毒品的、黄某彪所有的咖啡色手提袋,而不是另一个装有约3公斤毒品的白色格子手提袋;而且洪某涛也未供述其看到了几包底粉,不能仅因为洪某涛有前科就认定其对毒品明知,一审法院称“洪某涛交代他看见过黄某彪包里的3包白色粉末”,并非事实。

依据2016年1月26日某州市人民检察院对洪某涛进行讯问的笔录,检察官问:“白色格子包里的氯胺酮是谁的?”其回答:“是在黄某彪身上缴获的,我也不知道是谁的,不是我的,之前我也不知道里面装有毒品,被抓获时才知道有毒品的,在宾馆住宿时那个包打开过,看到里面是黄某彪的衣服之类的东西,没有发现有毒品。”检察官随后问:“以往你的供述不一致你怎么解释?”洪某涛称:“我确实没有发现过黄某彪的包里有毒品,我以前说翻开看过是说看过咖啡色包里的东西。”

这也就表明,洪某涛第一次供述所称,并非看到白色格子手提包内有底粉,而是看到咖啡色包里有底粉。侦查机关分别在两个包内分别查获约3公斤和约5克毒品,洪某涛也并未供述看到底粉的数量,一审法院称“洪某涛交代他看见过黄某彪包里的3包白色粉末”并不属实,洪某涛并未交代看到了具体几包,而且咖啡色手提包较小,不可能装有3公斤的毒品,因此,洪某涛看到的不可能是3公斤的毒品。同时一审法院并不能以其看到了、以前有前科,就推定其对毒品是明知的(而且也无法证明其看到的底粉数量),更何况其称黄某彪告诉他是假K粉;一审法院如此推定明显属于有罪推定,存在证据不足,事实认定不清。

3. 黄某彪除第一次讯问供述称洪某涛对毒品知情之

外，均未供述称洪某涛知情，而黄某彪当庭也供述称洪某涛对包里有毒品不知情。因此黄某彪除第一次之外的供述，与洪某涛的供述能够相互印证，且不与其他证据相冲突，足以证明洪某涛对毒品不明知。

黄某彪在第一次供述中称："阿涛知道包里面是毒品，刚开始是阿涛从阿威家里出来的时候提着装有毒品的手提包的，后来到路口坐车时就交给我提了。"

黄某彪在第二次供述中称："'阿威'叫我把毒品氯胺酮交给一个叫'罗某'的男子。"

黄某彪在第三次供述中称，侦查机关讯问"你和'阿涛'在收到'阿威'的包时是否知道里面是毒品K粉"，其回答称"不知道"。

以上证据足以表明，除黄某彪的第一次供述之外，黄某彪均未供述称洪某涛对黄某彪包里有毒品是明知的，并且其当庭供述称（判决书，第3页）："洪某涛（不知道里面是什么东西）。"因此，黄某彪除第一次讯问笔录之外的关于洪某涛对于包内毒品是否明知的供述，能够与洪某涛自己的供述相互印证，且与其他证据不相冲突，足以证明，洪某涛对于黄某彪包里有毒品是不知情的。

4. 黄某彪第一次讯问笔录关于洪某涛对包里有毒品是明知的供述，属于猜测，且无法与其他任何证据相印证，属于孤证，应不予采信。而一审法院以黄某彪此次供述以及洪某涛曾贩毒以及吸毒就推测洪某涛对毒品是明知的，明显属于有罪推定，违反了无罪推定原则。

黄某彪在第一次供述中称：“阿涛知道包里面是毒品，刚开始是阿涛从阿威家里出来的时候提着装有毒品的手提包的，后来到路口坐车时就交给我提了。”

也就是说，黄某彪供述包是“阿威”的，并认为洪某涛知道包里面是毒品，是因为“刚开始是阿涛从阿威家里出来的时候提着装有毒品的手提包的”。

一方面，其仅以“刚开始是阿涛从阿威家里出来的时候提着装有毒品的手提包的”就认为洪某涛对包里有毒品知情，明显属于一种推测，而且该供述没有任何其他证据印证。另一方面，关于包是谁的，洪某涛对此供述称：“(两个包)都是‘阿彪’的，而且包里的东西都是‘阿彪’的。”也就是说，黄某彪的此次供述无法与洪某涛的供述相互印证，而且也没有其他证据能够证明(因“阿威”“罗某”均未到案)，无法证明黄某彪供述的真实性，该次供述属于孤证。

因此，一审法院以此孤证，以及洪某涛曾贩毒，即推定洪某涛对毒品是明知的，明显属于有罪推定，违法了无罪推定原则。

5. 洪某涛在公安机关盘查时逃跑，是因为自己刚吸过毒(氯胺酮)担心被抓获，并且其也不存在丢弃随身携带物的行为，并能对其逃跑行为作出合理解释，不能因此推定其对白色格子手提袋内是毒品是明知的。

依据洪某涛第三次讯问笔录，在公安机关讯问：“你为何看到公安机关会逃跑？”其供述称：“因我当时吸食了毒品氯胺酮，怕被抓获。”而依据侦查机关对洪某涛的毒品现场检测报告书（卷宗一，第6页），对洪某涛进行现场氯胺酮检测，结果呈阳性，能与其供述相互印证，其能对其逃跑行为作出合理解释，并且其也不存在丢弃随身携带物的行为，依据《办理毒品犯罪案件适用法律若干问题的意见》（公通字〔2007〕84号）之规定，不能因其逃跑认定其对于黄某彪包内有毒品是明知的。

综上，一审法院仅以黄某彪第一次讯问笔录，以及推测性的推论，就推定洪某涛对于黄某彪包内有毒品是明知，属于有罪推论，违法了罪刑法定的基本原则，该判决结论事实不清，证据不足。

二、洪某涛来某州的目的是追债，既无任何证据表明其搭车目的是运输毒品，也无任何证据表明其与洪某涛存在共同犯意，因此，一审法院认定洪某涛与黄某彪构成运输毒品的共犯，证据不足、事实不清

1. 有充分证据表明洪某涛来某州的目的是追债。

依据黄某彪第一次讯问笔录（卷宗二，第8页）：“2015年4月15日，‘阿涛’说要来某州收债，于是叫我和他一起……”

依据洪某涛第一次讯问笔录（卷宗二，第25页）：“我要来某州市某区区收债，阿彪知道后说要跟着过来。”

并详细供述了来某州后找债务人夏某权的过程。

依据洪某涛第五次讯问笔录(补充侦查卷一,第6~8页),其详细供述了与夏某权之间的债权债务关系;而依据夏某权的讯问笔录(补充侦查卷二,第33~35页),夏某权也承认找洪某涛借过6万元,而相应的载明双方借贷关系的物证借条,洪某涛与夏某权分别对其进行了指认。这足以证明,双方借贷关系的真实性,能与洪某涛、黄某彪关于洪某涛来某州是为了收债的供述相印证,足以表明洪某涛来某州是为了收债的。

2. 洪某涛与黄某彪同行去某镇的目的是送黄某彪。

依据洪某涛第二次讯问笔录,在公安机关讯问其“你和‘阿彪’来到某区某镇做什么事情?”洪某涛供述称:“我是来找别人要债的,‘阿彪’就说来某区有事,具体什么事我不知道。”这就表明洪某涛来到某州某区的目的是找人收债,而其前往某镇虽然是与黄某彪同行,但仅仅是去送他,而并非运输毒品。

此外,某镇与淡水同属于某区,且彼此相邻,从淡水靠近中央的位置到某镇街道办双棚某屋村(洪某涛被抓获地点),也就五公里左右,坐摩托车也就是十分钟左右时间。洪某涛供述称其出于朋友好心送黄某彪,其供述具有合理性,而且黄某彪并非本地人,其也是在被抓获之后才知道此地叫某镇,并且其对于洪某涛去某镇做什么要前往何处也是不知情的。

3. 没有任何证据表明洪某涛搭车的目的是运输毒品，也没有证据表明其与黄某彪存在共同犯意。

一审法院认定“洪某涛明知黄某彪运输毒品仍与黄某彪一起从淡水坐车到某镇搭车”，进而认定“其与黄某彪构成了运输毒品的共犯”。首先，如前所述，没有任何证据表明，洪某涛对于黄某彪包内有毒品是明知。其次，洪某涛此行来到某州某区的目的以及从某区淡水到某区某镇的目的，就是寻找债务人追债，不能仅因其与黄某彪同行，送其去搭车，就推定其目的是运输毒品，其对于洪某涛准备去往何处目的是什么根本不知情。因此，一审法院认定其有运输毒品的主观目的，事实不清，证据不足，属于有罪推定。

三、本案关键犯罪嫌疑人“阿威”“罗某”未到案，关键案件事实无法查明，认定洪某涛涉嫌运输毒品罪，事实不清、证据不足

黄某彪不稳定的供述属于孤证，在关键犯罪嫌疑人“阿威”“罗某”未到案的情况下，没有任何证据能与其供述相印证，“阿威”“罗某”是否真的是运输毒品的上下家等关键案件事实无法查明，不能形成完整证据链，故也不能证明黄某彪、洪某涛涉嫌运输毒品罪。

如要认定被告人构成运输毒品罪，则侦查机关需要查明毒品所有者是谁，运输人是否毒品所有者，运输人为什么运输毒品、为了谁运输毒品、企图将毒品运往何处，

其运输行为是走私、贩卖、制造毒品等犯罪行为的一个环节还是通过运输行为牟利或者营利，毒品的数量大小等，既要查明其主观上是否有运输毒品的故意，也要查明客观上有无实施运输行为。如此，才能证明存在运输行为、存在使毒品扩散的现实危险，才能证明存在运输毒品的犯罪事实，才能证明其社会危害性达到了与走私、贩卖、制造毒品犯罪相当的程度，才能认定构成运输毒品罪。而本案中，侦查机关并未查明上述事实。

黄某彪一开始供述称“手提包与K粉”是“阿威”的，“‘阿威’要把包带到给一个叫‘罗某’，由‘罗某’带到湖北武汉”。也即黄某彪的第一次供述（孤证）也仅能“证明”毒品的运输的上家“阿威”，下家为“罗某”，但没有任何其他证据能对此进行印证。而在本案关键犯罪嫌疑人“阿威”“罗某”未到案的情况下，即使假定黄某彪、洪某涛涉嫌运输毒品，侦查机关也并未查明且无法查明毒品的所有者、买家、卖家究竟是谁？黄某彪、洪某涛涉嫌运输毒品的动机是通过运输行为牟利，还是处于走私、贩卖、制造毒品等犯罪行为的一个环节？此二人犯罪地位，作用大小如何？其是否是在整个毒品犯罪环节处于从属、辅助和被支配地位？其是否有运输毒品的故意？其是否获利，获利多少？在以上事实无法查明的情况，一审法院不能仅凭孤证认定黄某彪、洪某涛涉嫌运输毒品罪，更无法仅凭此孤证判断其在整个毒品犯罪环节中的地位与作用，无法判断其主观恶性，如何做到罚当其罪，正确量刑？

《刑事诉讼法》第53条规定："对一切案件的判处都要重证据，重调查研究，不轻信口供。只有被告人供述，没有其他证据的，不能认定被告人有罪和处以刑罚；没有被告人供述，证据确实、充分的，可以认定被告人有罪和处以刑罚。证据确实、充分，应当符合以下条件：（一）定罪量刑的事实都有证据证明；（二）据以定案的证据均经法定程序查证属实；（三）综合全案证据，对所认定事实已排除合理怀疑。"依据《全国部分法院审理毒品犯罪案件工作座谈会纪要》（法〔2008〕324号）之规定："毒品犯罪中，单纯的运输毒品行为具有从属性、辅助性特点，且情况复杂多样。部分涉案人员系受指使、雇佣的贫民、边民或者无业人员，只是为了赚取少量运费而为他人运输毒品，他们不是毒品的所有者、买家或者卖家，与幕后的组织、指使、雇佣者相比，在整个毒品犯罪环节中处于从属、辅助和被支配地位，所起作用和主观恶性相对较小，社会危害性也相对较小。因此，对于运输毒品犯罪中的这部分人员，在量刑标准的把握上，应当与走私、贩卖、制造毒品和前述具有严重情节的运输毒品犯罪分子有所区别，不应单纯以涉案毒品数量的大小决定刑罚适用的轻重。"而本案仅有黄某彪前后不一致的口供，无法查明本案关键案件事实，因此，认定洪某涛运输毒品罪事实不清，证据不足。

四、洪某涛在审查起诉阶段与一审庭审中均表示侦查机关存在诱供或讯问笔录内容未经核对的情形，讯问笔录的真实性存疑，法院应依法调取讯问过程同步录音录像查明讯问笔录真实性，否则对讯问笔录应不予采信

1. 有证据表明，讯问笔录存在未经洪某涛核对的情形，其真实性存疑。

洪某涛关于本案关键物证借条的侦查讯问笔录存在笔录内容未经其核对，与其实际供述不符的情形。

洪某涛第五次讯问笔录称（补充侦查卷一，第8页）：“有欠条和银行交易记录，我现在都不能提供。”而其在2016年1月19日，某州市人民检察院对其的讯问笔录中，当检察官讯问其为什么以前一直供述无法提供那张借条时，洪某涛回答称：“我一直都说在钱包，可能办案人员没留意。”而该借条确实是侦查机关在洪某涛钱包中找到的，与检察机关制作讯问笔录一致，且符合事实与常理（洪某涛不可能故意不告知公安机关借条的存在，这是能够证明其来某州是追债而不是运输毒品的关键证据），这就足以表明公安机关制作的讯问笔录存在未经洪某涛核对的情形。

2. 本案属于依法应当对讯问过程进行同步录音录像的刑事案件，在讯问笔录真实性存疑的情况下，应调取相应同步录音录像，以查明讯问笔录的真实性。

依据《公安机关讯问犯罪嫌疑人录音录像工作规定》(公通字〔2014〕33号)第4条规定:"对下列重大犯罪案件,应当对讯问过程进行录音录像:(一)可能判处无期徒刑、死刑的案件……(四)严重毒品犯罪案件,包括走私、贩卖、运输、制造毒品,非法持有毒品数量大的,包庇走私、贩卖、运输、制造毒品的犯罪分子情节严重的,走私、非法买卖制毒物品数量大的犯罪案件……前款规定的'讯问'既包括在执法办案场所进行的讯问,也包括对不需要拘留、逮捕的犯罪嫌疑人在指定地点或者其住处进行的讯问,以及紧急情况下在现场进行的讯问。本条第一款规定的'可能判处无期徒刑、死刑的案件'和'可能判处十年以上有期徒刑的案件',是指应当适用的法定刑或者量刑档次包含无期徒刑、死刑、十年以上有期徒刑的案件。"第5条规定:"在办理刑事案件过程中,在看守所讯问或者通过网络视频等方式远程讯问犯罪嫌疑人的,应当对讯问过程进行录音录像。"

本案涉案毒品氯胺酮数量为3公斤,属于毒品数量大的严重毒品犯罪案件,且可能被判处无期徒刑及更重的刑罚,属于应当对讯问过程进行录音录像的情形;在看守所讯问也属于应当对讯问过程进行录音录像的情形。而本案侦查机关未随案移交其讯问过程的同步录音录像或并未依法进行同步录音录像,同时,本案的两被告均称存在被诱供或者讯问笔录内容未经其核对的情形,也有证据表明存在该情形。因此，有理由怀疑本案讯问笔录的真实性，法院应当依法调取侦查机关讯问同步录音录像，查明讯问笔录真实性，否则讯问笔录不得作为定案依据。

五、侦查机关对本案关键物证的查封扣押程序存在重大瑕疵，无法证明毒品来源等，无法查清本案关键案件事实

1. 侦查机关未依法当场扣押与本案存在重大关联的黄某彪、洪某涛随身携带的手机、钱包、涉嫌存放毒品的手提包及衣物等，未依法制作扣押笔录，无法查清二人携带手提包的归属等关键案件事实，也无法证明毒品来源，取证程序存在重大瑕疵。

依据黄某彪的讯问笔录，其称其所携带的并在抓获现场丢弃的白色格子手提包是"阿威"的。洪某涛则称，黄某彪所携带的白色格子手提包，以及其被抓获时携带的咖啡色手提包，均是黄某彪的，其只是帮他提咖啡色包，并且该咖啡色手提包内是"黄某彪的钱包、衣服、手机充电器等"（依据某州市人民检察院 2016 年 1 月 19 日讯问笔录），除该二人相互冲突的口供，并无其他证据能证明这两个包的归属。这就表明，如果侦查机关依法对白色格子手提包以及咖啡色手提包内的全部物品依法进行扣押，制作相应扣押笔录列明所扣押各物品来源，并查明包内衣物、手机等的归属，就很可能查明白色格子手提

包以及咖啡色手提包的所有人;如能查明这两个包均不是洪某涛所有,则能够与洪某涛关于并不知情包内有3公斤毒品的供述相互印证,能够证明其不构成运输毒品罪。也就是说,白色格子手提包、咖啡色手提包以及其内的全部物品,是本案重要的、能证明洪某涛是否无罪的重要证据。

侦查机关在抓捕当天,即2015年4月17日,仅扣押了毒品以及数张银行卡,并未扣押白色格子手提包、咖啡色手提包以及其他物证,也未制作扣押笔录来说明扣押的情况以及扣押的各物证的来源,如果物证自这两个手提包?具体是哪个手提包?还是由两被告人随身携带?是哪个被告人携带?侦查机关并未对此作出说明,也未制作相应的笔录。侦查机关虽然在第二次补充程序中,补充了手机、借条、银行回单的扣押清单,但是并未按照检察机关在补充侦查提纲的要求,对此做出说明解释,并且依然缺少白色格子手提包、咖啡色手提包、钱包等物证的扣押手续,也未对扣押情况制作笔录,无法查明各物证的来源,关键案件事实无法查清。

《公安机关办理刑事案件程序规定》(公安部令第127号)第222条第1款规定:“在侦查活动中发现的可用以证明犯罪嫌疑人有罪或者无罪的各种财物、文件,应当查封、扣押;但与案件无关的财物、文件,不得查封、扣押。”以及第224条第2款规定:“查封、扣押的情况应当制作笔录，由侦查人员、持有人和见证人签名。对于无法确定持有人或者持有人拒绝签名的，侦查人员应当在笔录中注明。”侦查机关并未依法扣押与本案相关的全部物证，也未对扣押情况制作笔录进行说明，扣押程序存在重大瑕疵无法补正，导致关键案件事实无法查明，依据无罪推定原则，应当认定白色格子手提包、咖啡色手提包以及白色格子手提包内的3公斤毒品，并不属于洪某涛，其对此不知情，不构成运输毒品罪。

2.《扣押决定书》《扣押清单》的见证人“张某意”身份存疑，扣押程序存在重大瑕疵。

侦查机关在2015年4月17日制作的《扣押决定书》《扣押清单》与2015年5月8日制作的洪某涛、黄某彪分别进行辨认的《辨认笔录》见证人均是张某意，不得不让人怀疑“张某意”的真实身份。因为本案扣押的现场即抓获现场，某区某镇街道办双鹏某屋路口，辨认的地方位于某镇派出所，两个地点的距离为1.5公里，而《扣押决定书》《扣押清单》的制作时间与辨认的时间相隔21天，“张某意”如何能相隔这么久，又跨越这么远的距离进行见证？因此，有理由怀疑“张某意”的真实身份，很可能其签名造假或者“张某意”本就是公安机关工作人员，而非与本案没有利害关系的见证人，故《扣押决定书》《扣押清单》取证存重大瑕疵。

综上，一审法院认定洪某涛涉嫌运输毒品罪，事实不清，证据不足。一审判决书论证洪某涛构成运输毒品罪的证明过程，根本无法得出唯一结论，不能证明洪某涛对毒品是明知，也不能证明洪某涛对于黄某彪运输毒品是明知的，更不能证明其与黄某彪有共同犯意，这明显是在假定洪某涛就是罪犯的立场上所做的有罪推定，违反了罪刑法定的基本原则，请求二审法院依法宣告洪某涛无罪。

以上辩护意见，供贵院参考。

此致

广东省高级人民法院

广东某律师事务所

余安平　胡永升律师

二〇一七年七月十二日

（本案高级人民法院以事实不清、证据不足为由发回重审，某中级人民法院改判无罪）

第六编

专项辩护

专项辩护属于律师辩护的特殊形式，不仅满足提高技术辩护品质的要求，也是技术辩护服务需要，属于刑事辩护的“增值”部分。法律援助则体现律师的社会责任，有担当才有信任。

第三十一讲 死刑复核

死刑是剥夺被告人生命的刑法，鉴于死刑一旦执行则即使出现冤假错案都无法恢复被告人生命，因此古往今来都采取谨慎态度。古代的死刑以斩首为例，只要不是危害性极大的犯罪，都判处“斩监候”而不是“斩立决”，通过秋审或朝审的“死刑复核”最终交给皇帝决定是否处决。

今天的死刑，则分为“死刑缓期执行”与“死刑立即执行”。“死刑缓期执行”的被告人，只要在两年考察期内没有故意犯罪，则不再执行死刑。“死刑立即执行”的被告人，则还要交给最高人民法院核准是否判决死刑。

2007 年 1 月 1 日前，最高人民法院曾把死刑复核的权力交给地方高级人民法院，而此后则由最高人民法院统一行使死刑复核权力。“死刑复核”程序自中国古代就有，只是古代“死刑复核”适用于不需要立即执行死刑的案件，而现在的“死刑复核”适用于需要立即执行的案件，这体现了中国司法文化中对“慎杀”的日渐重视。

《刑事诉讼法》第 246 条规定：“死刑由最高人民法院核准。”这说明最高人民法院是我国的死刑复核专属机关。《刑事诉讼法》第 247 条第 2 款规定：“高级人民法院判处死刑的第一审案件被告人不上诉的，和判处死刑的第二审案件，都应当报请最高人民法院核准。”这说明高级人民法院不能核准死刑，或者说高级人民法院不能终审死刑立即执行案件。死刑复核案件的辩护，专指律师向最高人民法院提交辩护意见，说服最高人民法院不核准死刑。

《刑事诉讼法》第 251 条第 1 款规定：“最高人民法院复核死刑案件，应当讯问被告人，辩护律师提出要求的，应当听取辩护律师的意见。”本条款规定的死刑复核程序，与二审法院“不开庭审理”的上诉案件相似。因此律师办理死刑复核案件，可以参照代理二审辩护的流程，从办理会见、阅卷到约谈、提交辩护意见，一个环节都不能少。

技术辩护律师接受死刑复核案件，第一件事就是去看守所办理会见，查明被告人有哪些可能免死的情由。律师拿出判决书，找到法院做出死刑判决的描述，询问被告人对法院审理查明的事实，存在哪些疑问。只有被告人才熟悉案情，他们此时的陈述，也就成为律师免死辩护的线索。我们需要通过这次会见，让被告人明确自己的危险处境，依法通过各种可能性来避免被核准死刑。

完成了会见，制作好会见笔录，律师就应该去最高人民法院阅卷。律师阅卷时，应该将从侦查卷到检察院、一审卷到二审卷完整复制，特别是要复制判决书、辩护词与庭审笔录，查看其他律师的辩护能否给自己提供灵感。死刑复核案件的阅卷，也需要制作卷宗摘要，并核对法院作出死刑判决的理由，从证据材料中发掘可以免死的理由。

阅卷完毕，律师需要准备死刑复核的疑难案件分析会，听取律师同行的意见，必要时可以邀请办理过死刑案件的专业人士参加讨论。技术辩护需要“专业的事交给专业的人”，切忌拒绝专家意见。死刑复核案件基本都是经过两审终审，律师需要通过大数据分析，查找那些没有核准死刑甚至死刑改判免杀的案例，总结归纳出可以免死的规律性事由。

技术辩护必须高度注意与办案人员的沟通，因此约谈最高人民法院死刑复核法官，是律师辩护的核心环节。律师撰写的辩护词再高明、再巧妙、再完整，也不能替代律师与法官“面对面”交流，直接向他陈述本案存在的疑点，被告人可能存在哪些不需要死刑立即执行的情节。有些死刑复核法官会委托法官助理接待辩护律师，进行沟通，这就需要辩护律师向法官助理用简单明了、容易接受的语言，反馈案件存在的疑问。

死刑复核既然是“书面审理”，那么，辩护律师的法律意见书就应该根据司法实践，不厌其烦地列举各种可以免死的理由。律师不仅要将相应的法律法规、司法解释附卷，而且应该将相类似的死刑改判案件或不核准死刑案例附在上面。如果能找到该死刑复核法官办理其他案件不核准死刑的案例，或者该法官支持这类案件不核准死刑的文章，则更能增强说服力。

这几年我经常办理毒品犯罪辩护与诈骗辩护案件，而且基本都是通过无罪辩护来争取轻罪判决，死刑案件并不多。比较经典的死刑案件，只有广东茂名王某等制造贩卖毒品案件，与湖南常德何某制造贩卖毒品案件。

对于这种“巨额毒品犯罪”案件，律师从数额上进行辩护显然没有意义，因此，律师只能全面质疑案件证据。

这些年我办理无罪辩护“刚性需求”的案件较多，其中就包括“认罪即重罪”，特别是“认罪即死罪”的案件。如果这些案件我介入较早，如代理了一审案件，我基本都是采取无罪辩护方式。公安机关立案的规范性、取证的合法性、毒品的同一性、鉴定的科学性、推理的逻辑性，都成为律师质疑的切入点。

《全国部分法院审理毒品犯罪案件工作座谈会纪要》把“毒枭、职业毒犯、再犯、累犯、惯犯、主犯等主观恶性深、人身危险性大、危害严重的毒品犯罪分子，以及具有将毒品走私入境，多次、大量或者向多人贩卖，诱使多人吸毒，武装掩护、暴力抗拒检查、拘留或者逮捕，或者参与有组织的国际贩毒活动等情节的毒品犯罪分子”作为死刑对象，提出不能把毒品数量看成唯一标准，“应当综合考虑毒品数量、犯罪情节、危害后果、被告人的主观恶性、人身危险性以及当地禁毒形势等各种因素”。《全国法院毒品犯罪审判工作座谈会纪要》在“死刑适用问题”中重审，“重点打击运输毒品犯罪集团首要分子，组织、指使、雇用他人运输毒品的主犯或者毒枭、职业毒犯、毒品再犯，以及具有武装掩护运输毒品、以运输毒品为业、多次运输毒品等严重情节的被告人”。这也说明被告人的主观恶性、人身危害性、危害严重性、禁毒当地形势都成为是否核准死刑的关键。

虽然毒品犯罪危害性极大，要求严惩的呼声一直很高，但只要存在可以不核准死刑的空间，律师都应当努力去争取。

虽然当前还不能废除死刑，但我们可以推动慎用死刑，爱惜每个可以挽救的生命。

第三十二讲 申请再审

再审即审判监督，是指法院发现已经生效的判决存在事实不清、证据不足等情况，再次作出审理判决。再审程序在许多国家不被接受，被认为违反了终审原则。英美法系国家与地区没有再审程序，而是采取“三局终审”模式，给予被告人更多的救济渠道。大陆法系国家与地区一般采取三局终审制，我国台湾地区也是沿用三局终审制。

苏联实行“两局终审制”，苏联解体后，俄罗斯恢复了三局终审制。中国古代实行分层审理制度，重大案件需要从州县层报按察使司乃至刑部、大理寺甚至皇帝核准。1954 年中国借鉴苏联司法制度后，开始采取“两局终审制”。在实施过程中，两局终审制逐渐暴露出一些问题，因此，设立了再审程序作为补救措施。

“两局终审 + 再审”制度，与绝大多数“三局终审”制度相比，其主要差别在于前者“第三审”属于选择性的，只有法院或者检察院才能启动“第三审”，即再审程序，而后者则是被告人可以自行启动该程序。

新中国成立初期，考虑到司法资源严重匮乏，采取“两局终审 + 再审”当然有其合理性。但在新中国成立七十多年，甚至中国已经成为全球第二号经济实体的今天，依旧沿袭这种“选择性启动第三审”的司法制度，引起了法学界的争议，一些学者认为“两局终审制”使得一些冤假错案难以得到有效纠正。被告人蒙冤喊冤，必须取得法院或检察院同意才能启动再审，这就使得“是否再审”变成公权力的范畴而不是私权利的范畴。

《刑事诉讼法》第 252 条规定：“当事人及其法定代理人、近亲属，对已经发生法律效力的判决、裁定，可以向人民法院或者人民检察院提出申诉，但是不能停止判决、裁定的执行。”这说明再审程序是对已生效判决、裁定的申诉，原来的判决、裁定继续执行。设置再审程序，更多是从执行效率上进行考量，而不是从避免冤假错案上来设置的。

《刑事诉讼法》第 253 条规定了 5 种应当再审的事由，即“有新的证据证明原判决、裁定认定的事实确有错误，可能影响定罪量刑的”“据以定罪量刑的证据不确实、不充分、依法应当予以排除，或者证明案件事实的主要证据之间存在矛盾的”“原判决、裁定适用法律确有错误的”“违反法律规定的诉讼程序，可能影响公正审判的”“审判人员在审理该案件的时候，有贪污受贿，徇私舞弊，枉法裁判行为的”。

被告人申请再审有两种方式，一种是请求人民法院启动再审，另一种是请求人民检察院抗诉。这两种审判监督程序，在司法实践中并不容易。

蒙冤喊冤的被告人在服刑期间，如果坚持申诉，则可能因为“不认罪”而不能获得减刑优待。最高人民法院《关于办理减刑、假释案件具体应用法律的补充规定》第1条规定：“对拒不认罪悔罪的，或者确有履行能力而不履行或者不全部履行生效裁判中财产性判项的，不予假释，一般不予减刑。”因此，在实践中，被告人若因蒙冤喊冤而申请再审，则很有可能被当作“拒不认罪悔罪。”

冤假错案的受害者面临着两难境地，继续喊冤可能会失去减刑或假释机会，认罪又违背自己的本意。目前，取消不认罪则不能减刑或假释的不合理限制，需要引起法律界人士特别是律师中两会代表、委员的关注。

第三十三讲 刑事和解

刑事和解是指在刑事诉讼过程中，被害人与犯罪嫌疑人（被告人）沟通协商，双方达成民事赔偿和解协议后，办案机关根据案件的具体情况对犯罪嫌疑人（被告人）减轻或免除刑事处罚的诉讼活动。

刑事和解这种借鉴民事和解缓和刑事矛盾的方式，早在陕甘宁边区就进行过有益探讨，在欧美国家也存在有效实践。刑事和解是化解社会矛盾的重要方式，技术辩护律师不可忽视。办案机关关心的，就应该是我们技术辩护律师关注的。

刑事和解，不同于“认罪认罚从宽”。后者是当事人（犯罪嫌疑人、被告人）与检察院妥协换取从轻处罚，核心是同意检察院的有罪指控与量刑建议，属于“诉辩交易”；前者则是当事人与受害人或其家属妥协，核心是通过赔偿获得受害方谅解，属于“悔过求宽恕”。对于那些有受害人的案件，能够通过刑事和解方式缓和社会矛盾，也符合定纷止争要求。

《刑事诉讼法》第288条规定公诉案件中“犯罪嫌疑人、被告人真诚悔罪，通过向被害人赔偿损失、赔礼道歉等方式获得被害人谅解，被害人自愿和解的，双方当事人可以和解”，主要针对“因民间纠纷引起，涉嫌刑法分则第四章、第五章规定的犯罪案件，可能判处三年有期徒刑以下刑罚的”“除渎职犯罪以外的可能判处七年有期徒刑以下刑罚的过失犯罪案件”，并明确“犯罪嫌疑人、被告人在五年以内曾经故意犯罪的，不适用本章规定的程序”。这说明属于“侵犯公民人身权利、民主权利罪”“侵犯财产罪”中可能判处3年有期徒刑以下的刑罚的故意犯罪与判处7年以下有期徒刑的过失犯罪，都可以“刑事和解”。刑事和解有两条例外，即渎职类过失犯罪不得刑事和解，五年内故意犯罪的不得刑事和解。

刑事和解制度在2012年《刑事诉讼法》修改时正式成为国家法律，此前在江西、江苏、浙江、广东等地进行了试点。2007年起，江西省南昌市青山湖区、樟树、余江、永丰、资溪等20余个县（市、区）检察机关在公诉环节，相继尝试运用“刑事和解”办理轻微刑事案件。

2008年年初我还是魏展谦律师的助理，魏律师顾问单位负责人在这年春天带着财务经理等公司管理人员去井冈山踏青，在萍乡境内高速公路上发生车祸。4名乘员中包括司机王某因为系了安全带只是简单受伤，坐在副驾驶座上的财务经理却因为没有系安全带，飞出窗外死亡。

司机王某以涉嫌交通肇事罪，被萍乡高速交警拘留。魏律师接到负责人电话后，立即提出王某家属可以向死者家属赔偿并获得谅解，赔偿款由公司来支付。随后魏律师要求我必须当天赶去萍乡，第二天与王某的家属见面，办理委托手续并会见王某。

于是我当天晚上站票从惠州搭火车去南昌，然后从南昌向塘转火车去萍乡。见到家属后，我告诉他们本案的关键是财务经理的家属接受赔偿并愿意谅解。至于王某在看守所过得好不好，反而不用太担心，因为一旦刑事和解并谅解，王某基本可以被释放出来。

然后，我在看守所附近找到一位当地律师，让他带我去会见。随后，又去高速交警大队找到办案民警，提出受害者家属已经收到赔偿款愿意谅解，建议他们不要将本案送检察院呈捕。

紧接着，办案民警带着我去检察院，向办案检察官提出受害者家属愿意接受赔偿并谅解。

记得当时受害者家属远在湖北不能赶过来，写了一份谅解书与授权委托书，让我帮他们办理刑事和解手续。办案检察官认为我既要代表犯罪嫌疑人在刑事和解协议上签字，又要代表受害人家属在刑事和解协议上签字，这种双向代理好像不妥。我说其实我代表他们双方在和解协议书上签字，只是受权签字，因为他们不能赶到现场，并没有对他们的实体权利作出任何处分或者变动，与诉讼案件中的双向代理并不冲突。

我建议他们把具体情况向领导反映，毕竟家属千里迢迢从湖北过来一趟不容易。家属接受了赔偿并愿意谅解，也可以尊重双方的意见。我还考虑过如果检察院不接受，则我可以根据受害人家属的授权代表他们签字，犯罪嫌疑人的家属直接在和解协议上签字。后来检察官说他们领导同意了我的意见，也就办理好了刑事和解手续。

我向检察官提出对于这些恶性不大的案件，能够不作为刑事案件处理，更有利于化解双方矛盾。毕竟司机也不是故意的，遇到车祸也是晚上高速公路上有障碍物所导致。况且受害人不愿意系安全带，也有一定过错。财务经理也属于公司领导，司机总不好强求财务经理必须要系安全带吧？后来本案检察院当场作出不批准逮捕决定，交警部门办理了取保候审手续并释放了王某。

许多人认为我的主攻方向是无罪辩护，其实我的主攻方向并不止一个，除了无罪辩护还有刑事和解。根据多年的社会经验，如果我们能够安抚受害者或其家属，办案机关可能会酌情轻判。

我曾代理了一起未成年人聚众斗殴案件，这次刑事和解的重点是说服双方家长。我首先将这次聚众斗殴定性为“小孩子不懂事”，那么就需要家长来帮助他们避免牢狱之灾。然后我谈到看守所的惩戒性，小孩子在里面被长期羁押，不仅失去了在父母身边快乐成长的机会，而且容易学坏。最后我对犹豫不决的家长当头棒喝：“你们明明可以和解，从而让你们的孩子少坐牢甚至不坐牢，却因为自己赌气失去机会。”

最终，双方家长同意了刑事和解。当时少年法庭的法官从孩子的健康出发，判处缓刑，使得几位少年避免了牢狱之灾。律师站在当事人的立场上，引导冲突双方进行思考与权衡，避免他们赌气做出错误决定。法官此时都会很配合，只要律师促成了刑事和解，他们都愿意从轻或者减轻判决。

技术辩护律师在刑事和解工作中，不仅是简单地制作刑事和解协议书与赔偿谅解书，而是努力去说服冲突双方接受刑事和解。必要时，律师需要说服地方政府甚至办案机关，去做冲突双方的工作，借助基层政权的力量去促成刑事和解，把矛盾尽量化解在基层。2012 年我们广东律师开始担任村委会与居委会的法制副主任，这也为我们从事基层调解积累了经验，这种经验又可以用在刑事和解上。

2018 年年初，我在江西上饶处理村民械斗时，曾劝说主审法官组织刑事和解。一方面基层工作需要村民支持，不化解矛盾会为以后的地方工作增加难度；另一方面村民之间没有深仇大恨，他们只是需要有一个说法。而当地法官比律师更有权威，这种说服工作更容易被村民接受。这次刑事和解是主审法官先跟我们谈，然后跟受害者谈。最终促成了刑事和解的，其实是主审法官。我建议法官判处拘役，法官却认为可以判处缓刑。能够遇到愿意主动促成刑事和解的法官，能够遇到愿意主动提出判处缓刑的法官，是法治进步的体现。

有受害人的案件，律师可以用自己的“三寸不烂之舌”去说服当事人家属做出赔偿，并说服受害人或其家属接受赔偿并作出谅解，或者借助基层法院的权威性组织刑事和解与调解。只要有利于当事人合法利益，律师可以作为“中间人”奔走于各方之间。

律师需要设身处地为受害人思考，为他们着想，在这些可以进行刑事和解的轻罪案件中，律师的作用就是打破僵局，找出各方都能接受的解决问题的新思路。

第三十四讲 专家意见

刑事辩护中，律师经常需要寻求专家意见支持，帮助自己“解惑”。专家意见分为两种，一种是帮助辩护律师针对鉴定意见，或需要鉴定但没有法定鉴定机构的专门性问题发表质证意见；另一种则是帮助辩护律师，对疑难复杂案件做出无罪或者轻罪的法律分析。

第一种专家意见主要是法律领域之外的“专门知识”，属于法律规定“有专门知识的人”的意见。第二种“专家意见”主要是法律领域的知名法学专家撰写的分析意见，这种意见主要是给辩护律师和办案机关提供参考。

辩护律师对法律知识比较熟悉，但他们对化学知识、医学知识、工程学知识、生物学知识等超出法律范围的知识就不甚了解，甚至不少人对这些专门知识的理解还停留在高中或初中阶段。一旦在刑事辩护中需要涉及法律之外的专门知识，辩护律师就需要寻求“有专门知识的人”提供技术支持。

辩护律师面对超出自己办案经验的重大疑难复杂案件，或者是担心自己“人微言轻”难以说服办案机关的争议性案件，也可以聘请大学教授、知名律师等专业人士出具专家意见，协助律师办案。这种专家意见的说服效力，一方面取决于出具意见的专家是否具有法律领域的权威性，另一方面则取决于论证逻辑的严密性。不过，这类专家意见的使用需要谨慎，律师需要借用该法律意见的论证方式，而不是直接使用论证结论。

《刑事诉讼法》第146条规定：“为了查明案情，需要解决案件中某些专门性问题的时候，应当指派、聘请有专门知识的人进行鉴定。”《刑事诉讼法》第197条第2款规定：“公诉人、当事人和辩护人、诉讼代理人可以申请法庭通知有专门知识的人出庭，就鉴定人作出的鉴定意见提出意见。”这说明“有专门知识的人”即专家可以从事鉴定工作，可以出庭就鉴定意见提出异议，协助办案机关对专业性事务做出判断。这也说明辩护律师有权利向法院申请“有专门知识的人”出庭，“以专业对专业”帮助质证鉴定意见。

最高人民检察院《关于指派、聘请有专门知识的人参与办案若干问题的规定（试行）》第2条把“有专门知识的人”解释为“指运用专门知识参与人民检察院的办案活动，协助解决专门性问题或者提出意见的人，但不包括以鉴定人身份参与办案的人”，把“专门知识”解释为

"特定领域内的人员理解和掌握的、具有专业技术性的认识和经验等"。既然检察院可以聘请"有专门知识的人"在审查起诉阶段与法院决定开庭后或者庭审阶段提供意见支持,显然辩护律师也应该重视"有专门知识的人"的专家意见,说服办案机关采纳律师给予专家意见支持的辩护观点。

技术辩护律师面对那些需要专家意见的案件,应当穷尽各种方法去找权威意见。十几年来我几乎每年都要办理"命案"甚至伤残案件,而且保持着"命案"没有死刑记录,甚至"命案"判过1年有期徒刑。我说服办案机关的底气,就是寻求几位法医朋友帮助。我经常拿着病历与法医鉴定意见找法医朋友帮我分析有没有辩护空间,按照他们的意见寻找切入点。他们能够发现鉴定意见的漏洞让我说服自己,我再去说服办案机关。他们的观点能够帮助我有效完成质证意见,也能增加我说服办案机关的力度。

早年,我去河源办理叶某雯故意伤害案,就是在老朋友张法医的帮助下提出不同意见,用了"正当防卫"、"过失致人轻伤"与"意外事件"3个切入点说服检察院。律师熟悉的是法律但并不熟悉法医,这就需要有专家提供知识帮助。我喜欢跟法医一起去看现场,然后听他们分析公安机关的现勘查笔录存在哪些问题,听他们探究鉴定意见存在哪些不足。所谓"专业的事交给专门的人",

我们思索半天不得要领的难点，在他们专业人士眼中很快就能找出“破绽”。

2019年北京某鉴定中心法医室主任胡志强法医参加法律文化游学团惠州之旅时，就曾应惠州市律师协会的邀请做了“刑法理性与法医鉴定”的讲座。胡法医结合他办理的经典案例，谈到法官较信任鉴定意见，因此能够申请“有专门知识的人”出庭质疑鉴定意见甚至推翻鉴定意见，“以专业对专业”，就成为颠覆性辩护成功的关键。胡主任还说，任何案件只要涉及技术问题，律师第一时间就应该想到与有专门知识的人合作，这样才能事半功倍。律师的技术辩护，不仅需要懂得“卖力”，更需要懂得“借力”。学会借用专家们的专业知识帮我们分析问题、解决问题。

许多律师遇到疑难案件，还可以向其他律师或者专家学者求助。例如，让他们提供专家法律意见的“有偿服务”。2019年我曾接到某律师的求助电话，要求我为他提供一份诈骗案件的法律意见书，他向我支付律师费用。这位律师很客气地说，本来应该跟着余律师一起办案，但是我们本地家属支付能力有限，那就我拿出一部分律师费请余律师帮我阅卷写个法律意见书。

该律师还让家属专门办理了委托我阅卷的辩护手续，这样我可以合法阅卷、合法会见。我花了一周时间帮这位律师朋友撰写了案卷摘要与法律意见书，从犯罪构成要素入手“拆分”公诉人的有罪指控。

这几年我从主打毒品犯罪案件辩护转向诈骗犯罪案件辩护，归纳了诈骗犯罪辩护的“七个切入点”，尤其是把主要攻击方向用在“是否以非法占有为目的”“是否虚构事实或隐瞒真相”“是否主观明知”“是否存在合理信赖”等方面，并对全部证据拿起“三斧头半”质证办法全面核实。“三斧头半”质证办法，即“你凭什么取证”（法律依据）、“凭什么你来取证”（主体资格）、“凭什么这样取证”（程序规范）与“凭什么这个结论”（逻辑唯一性）。

当然，律师切忌把专家意见当成结论提交给办案机关，而应该根据专家意见变成辩护指引，提炼自己的辩护精髓。那种直接把专家意见提交给办案机关而不是根据专家意见形成自己辩护意见的律师，很容易不被采纳。谁都知道专家意见不是法院定罪量刑的依据，法官完全可以不予理会，甚至一些法官会反感律师滥用专家意见。但专家意见中如果有真知灼见能够融入律师的辩护意见，则能雄辩式地说服办案机关。

我的一篇关于无罪辩护的文章曾被某地律师提交给法院参考。我曾提出强奸罪构成必须满足两个要件，即“强”与“奸”。这位外地律师同行表示，现有证据只能证明“奸”，即发生了不正当性关系，但不能证明“强”，即违背了女方意愿。

该篇文章只是一家之言，不过强奸案确实要同时满足这两个条件，公诉人如何举证很重要。其实我也曾把“醉驾”拆分过，认为必须同时满足“醉酒”与“酒后驾车”两个要件。如果这种“学理解释”能够被同行当成“专家意见”，提交给法官参考甚至植入他的辩护意见，也是一种说服形式。

上次我参加了某律师妨碍作证案件的专家论证会，与来自中山大学、华南理工大学等单位的教授与广东省律师协会刑事法律专业委员会委员一起分析该案件。各位专家从取证程序、取证主体资格、证据关联性、行为本质属性等技术探讨，从立法目的、立法逻辑等方面理论阐释，也让我眼界大开。

律师长于实务辩护而短于理论分析，这就需要在实务辩护的同时，借助专家学者的理论优势，从宏观上、从立法目的与法理逻辑上，否弃那些“刑法机械主义”。技术辩护律师需要懂得开动脑筋，包括开动别人的脑筋，这才能通过各种合法手段找到有力的支援。

在知识大爆炸的时代，我们不可能熟悉各种专门知识，只能寻求专家提供技术支持。律师技术辩护要善于“站在巨人的肩膀上”，充分发掘别人的专业优势，帮助自己分析疑难，解决困难，实现“强强联合”。

这年头朋友圈中没有几位“有专门知识的人”，都不好意思说自己是执业多年的刑事辩护律师，更不好意思说自己走技术辩护道路。只要律师把辩护看成一门技术，他们就应该积极向“有专门知识的人”的人寻求帮助，借助他们的“千里眼”去发现新观点，借助他们的“顺风耳”去听到新意见。

“君子性非异也，善假于物也”，力量不够就应该善于借力。

第三十五讲　疑难分析

律师遇到大案要案或者有争议的案件时，就应该组织疑难案件分析会。技术辩护不仅要求向“有专门知识的人”寻求帮助，而且要求向其他律师寻求支持。

疑难案件分析会一般由主办案件的律师召集，邀请业务娴熟的其他律师及专家、学者参加，共同发掘案件的辩护要点。疑难案件分析会的目的是集中大家的智慧，共同解决疑难问题。

技术辩护律师需要充分借助他人的智力资源，发掘各种技术潜力，共同完成刑事服务工作。虽然律师都受过严格的法学教育或自学训练，也都有丰富的实务经验，但“尺有所短寸有所长”，这就需要广泛合作形成“优势互补”。只要是有益的技术手段，技术辩护律师都可以贯彻“拿来主义”，当然也要如鲁迅先生所言“运用脑髓，放出眼光，自己来拿”。

我是疑难案件分析会的受益者，2013 年我们律师事务所成立刑事部以来，每年都会组织疑难案件分析会，大家群策群力帮承办律师解惑。疑难案件分析会，如果讨论的是外地案件，有时还会邀请检法机关的朋友参与研讨，听一下来自办案部门的专业意见。

需要疑难案件分析的案件一般分为两种：一种是存在争议的案件，承办律师一时拿不定主意，或者说需要其他律师帮助自己下定决心；另一种则是大案要案，这类案件影响力巨大，如100公斤以上的毒品犯罪案件或者1亿元以上的经济犯罪案件，需要大家共同把关。疑难案件分析会，不仅可以帮助承办律师提高辩护技术，也是青年律师培养的重要项目。青年律师与资深律师“同台分析案件”，这是最快捷的成长路径。

组织疑难案件分析，需要在完成阅卷之后。对于那些有无罪辩护空间的案件，律师如果在审查起诉阶段或者侦查阶段介入，则可以在第一次退回补充侦查后组织疑难案件分析会。对于那些缺乏无罪辩护空间的案件或者法院阶段才介入的案件，则可以在开庭前组织疑难案件分析会。如果是二审阶段介入的案件，则在法院通知开庭后或者要求提交书面辩护词后，组织疑难案件分析会最为妥当。申请再审的案件与死刑复核的案件，需要在完成阅卷后组织疑难案件分析会。

我们律师事务所的刑事部，曾组织了袁某等人被控敲诈勒索3700余万元案件的疑难分析，该案系省公安厅督办案件。曾有律师对家属说本案应当认罪退赃，争取缓刑。我们介入后，明确告知家属，涉案金额50万元以上的敲诈勒索，法定刑都是10年以上有期徒刑。3706万元的敲诈勒索，显然不可能判3年以下有期徒刑从而争取缓刑。本案属于典型的“认罪即重罪”的案件，属于有无罪辩护“刚性需求”的案件，只能坚持无罪辩护。家属很快接受了我们无罪辩护的方案，我们认为能够否定掉敲诈勒索罪就是胜利，至于法官是否用其他罪名做出轻判那是下一个问题。

疑难案件分析会上，案件经办人胡永升律师，通过PPT向大家介绍了阅卷过程。胡律师按照基本案情、指控罪行、本案焦点、控方意见、辩方意见，对整个案件做了展示。公诉机关以肖某、袁某、吴某等敲诈勒索3706万元起诉至法院，本案的讨论围绕两个议题展开，即“本案是否可以无罪辩护”“本案应当如何辩护”。

惠州市律师协会会长、广东某律师事务所主任杨择郡律师在讨论中认为，是否构成敲诈勒索罪，需要满足“非法占有为目的”与“要挟或威胁等手段”两个基本要件。本案指控数额巨大，从数额上辩护难以争取无罪，应该从肖某等人索要的款项是否有债权依据、是否采取了足以让受害人感到恐惧的手段两个方面入手。如果不能从上述两个方向推翻公诉机关的指控，则本案构成敲诈勒索罪。

市律协刑事法律专业委员会主任、某律师事务所刑事部主任王永平律师，认为要从敲诈勒索怎么“敲”、如何“诈”来入手，将敲诈勒索罪与一般民商事违规行为、治安违法案件相区别。当然，本案一些敲诈勒索手段与寻衅滋事罪有些相似之处，辩护人应该做好相应的准备。

广东某律师事务所主任章利兵律师则认为，本案是否可以做无罪辩护，关键是肖某等人拿到款项的方式方法，属于一般违法行为还是严重违法（犯罪）行为。

某律师事务所刑事部副主任林建源律师认为，公诉人指控被告人构成敲诈勒索罪，需要举证存在相应的行为，特别是言词证据以外的证据，如视频监控资料。如果被告人只是采取了一般跟踪、监视等行为，只是让受害人感觉到厌烦而不是恐惧，可以坚持无罪辩护。

我在大家发言的基础上，提出本案的辩护思路，即双方曾在某法院调解结案时，明确庭内庭外法律纠纷终结，因此调解结案前一切纠纷都不属于敲诈勒索。调解结案后，现有证据不足以证明被告人采取了足以让有着丰富社会经验的被害人感到恐惧的行为，则本案可以坚持无罪辩护。有律师提出法院在无法认定构成敲诈勒索罪名时，可能转向寻衅滋事罪，我们的辩护意见需要增加相应的“无罪拦截”内容。

法院在敲诈勒索罪明显难以成立时，主动询问辩护律师，如果本案可能构成寻衅滋事罪，律师持什么意见。我提出既然公诉人没有论述本案是否构成寻衅滋事罪，辩护人对此不发表意见，尊重法院查明事实后依法作出判决的权力，也尊重被告人不服判决提起上诉的权利。法院最终作出了寻衅滋事罪判决，几名被告人被判决 1 年左右有期徒刑。

技术辩护律师需要特别关注疑难案件分析，这种会议往往能够给承办律师提供灵感甚至新的辩护方向。许多律师事务所的刑事部，都有公检法部门出身的律师，甚至有大学教授兼职律师。这种疑难案件分析会，就可以从不同的视角提供辩护思维与技术手段。我们刑事部公检法出身的律师有许多，还有博士后教授律师，这也是我热衷于将重要案件提交疑难案件分析会，让他们帮我分析案情的关键原因。

我经常会在疑难案件分析会上，问有在检察院工作经验的律师同事，检察院在哪种情况下才会不起诉？我也会问有在法院工作经验的同事，如果检察院指控的本罪名不成立，根据经验法院会如何处理？这是因为他们不仅接受过专业训练，而且懂得办案机关如何思考，律师因此能够“知己知彼”。

我们刑事部还组织过一次疑难案件分析，讨论我承办的浙江台州孙某被控诈骗 3.26 亿元案件。许多青年律师参加疑难案件分析会，是带着学习的心态过来的，就想听听律师前辈的思路与见解。我按照基本案情、公诉意见、本案疑点、辩护意见对整个案件做了展示，并总结本案争议焦点为如何进行平台定性、非法占有的认定、虚构事实隐瞒真相的认定和涉案金额的认定。

王永平律师认为,本案要区分单位犯罪和个人犯罪,通过构建、恢复公司行为研究公司经营模式。另外,从平台任务量、任务完成时间、失衡概率、任务可行性和被害人主观过错等出发,探讨公司盈利是常态抑或是非常态。王律师认为本案也可从证据收集的合法合规出发寻找辩护空间。

某律师事务所刑事部副秘书长胡永升律师分享其参与同案犯的审理心得和辩护思路,其认为网络兼职只是平台功能的一部分,且网络兼职也是社会常见的一种经营模式。本案可根据当事人的参与程度进行切割,区分民事欺诈与刑事诈骗。胡律师认为辩护重点在于公司经营模式是否构成犯罪,有无以非法占有为目的。

章利兵律师认为,通过有关平台监管规定、市场行情、运作模式来判断该平台是否合规操作。本案的重点在于“虚”字,可以通过平台是否存在大量虚假的事物来判断平台正当性。另外,也要综合考虑平台所带来的社会危害性。

王尊顾问认为,要综合考量平台有无超过社会容忍范围。王顾问通过汕头、合肥等地的案例分析,认为本案有无退费机制关系不大,平台价值才是真正的关键。会费的索取可能只是为了固定流量。另外,会员费有无实现的可能也是本案的焦点。王顾问提出本案可从传销犯罪角度切入,争取更低刑罚。

市律协青年律师工作委员会副主任、某律师事务所刑事部副主任兼秘书长利兴超律师认为，可通过计算回本人数的比例、平台投入成本、平台福利来衡量平台价值与会费是否对价。另外，用户对平台的看法与经营者对平台的看法两极分化跟宣传有关。因此，利律师认为本案可以往非法经营方向寻找辩护空间。

青年律师查隆海律师认为，关注会员有无回本的期待可能性、任务有无可行性，有利于判断平台定性。平台主打培训服务还是兼职平台，是区分主观占有的方式之一。查律师认为本案涉案金额的计算方式，亦是辩护切入点。

青年律师彭阳俊律师认为，本案的经营行为能否用刑法评价至关重要，不能根据被害人心理，揣测被告人行为的合法性。平台会员是永久性的，只要时间够久，会员就能赚回会员费。彭律师认为商业模式的真实性，是辩护角度之一。

疑难分析应该作为技术辩护的重要模式，这不仅能有效提高承办律师的辩护能力，也可以通过案例分析的实战演练为青年律师的成长提供平台。律师的个性差异与技术特点，在这种集体决策中相得益彰。那些激进的辩护思路与稳健的辩护思路相结合，也就产生了兼顾理想与理性的可行性。

律师需要懂得借助他人的力量，团队合作才能走得更远。

第三十六讲 | 法律援助

法律援助是青年律师成长的捷径，也是技术辩护律师的社会担当。在案件不足时，大量办理法律援助案件，在案件充足时，也保持每年办理一两宗法律援助的实践储备，应当成为律师技术辩护的内在要求。刑事辩护是一门技术，法律援助也是技术辩护的重要环节。技术辩护律师的目标不是法律援助，但技术辩护律师不可小觑法律援助。

刚执业的青年律师如果能够保持每年办理30个以上的刑事案件，坚持3年到5年，这些律师必然能在“实战”中积累丰富的经验，业务能力也就水涨船高。

深圳的董玉琴律师，2016年参加我们律师事务所的刑事论坛时曾分享了她的成长故事。董律师当时刚从兰州来深圳，缺少案源，几乎是从头再来。她从办理法律援助案件，特别是毒品犯罪案件入手，每年保持30个以上的毒品案件，每一宗案件她都精益求精认真对待。

经过几年的努力，董律师积累了丰富的办案经验，成为珠三角专家级毒品辩护律师。我最钦佩她投身法律援助的公益服务精神，也正是这种“舍”的付出，才有“得”的收益。

青年律师大量办理法律援助案件，看起来是“免费服务”，但往往收获颇丰，他们可以从中获得办案机会，能够办理一些凭他们的社会影响力难以涉及的重大案件。

青年律师最不缺的就是时间与精力，缺的是办案经验，而法律援助案件给他们提供了平台。如果青年律师把办理法律援助案件看成“投资自己”、磨炼技术的一种方式，他们当然不会满足于“走量”的形式辩护，而尽职尽责进行技术辩护。

我刚入职时也是公益服务的主力，一方面承担着我们律师事务所一半以上的公益普法任务，另一方面则承担着1/3左右的法律援助案件。法律援助让我有更多的机会接触实战案例，也可以近距离向同台辩护的律师前辈学习，通过模仿他们高超的辩护经验，快速提高自己的办案能力。

许多大案要案都需要找资深律师，我当时作为新手律师没有接受家属委托的机会。我通过法律援助获得了办理大案要案的机会。我最开始接触到“命案”，其实就是借助法律援助。在法庭上我有很多机会现场聆听前辈律师如何发问、如何质证、如何辩论，对照他们的意见核对自己的观点，找差距、找学习方向。

我后来总结经验说，没有与知名律师一起参加过辩护，不足以说自己擅长辩护。向行业大咖学习最快捷的方式，不是请他们讲座，也不是看他们的书，而是旁听他们办案，最好是与他们一起参加庭审。

就个人而言，即使是法律援助案件，我也会像普通案件一样完成阅卷、会见、提交法律意见书甚至约谈办案人员，说服他们本案存在哪些证据不足。值得一提的是，似乎在法官、检察官心目中，能够提供法律援助服务的律师更值得尊重。

这些年我还是保持着每年办理一两个法律援助案件的记录，主要是未成年人犯罪案件与可能判处死刑的案件。一些律师对法律援助存在偏见，不仅认为法律援助案件“流于形式”，而且法律援助律师不能站在被告人的立场上据理力争。这些偏见当然有其存在的现实土壤，这就更需要那些“忠之属也”的技术辩护律师，更重视法律援助案件的办理，优化法律援助服务，净化刑事辩护风气。这才能充分体现律师尽职尽责、忠于职守的行业属性，不以收费与否区别对待。

法律援助案件的办理因人而异，只要辩护律师有责任心，坚持技术辩护，坚持尽职尽责辩护，谁能说法律援助的案件质量就一定不如其他案件？资深律师办理法律援助案件，当然会更注重保证质量，除非他没有接受代理。

律师办理法律援助案件，属于公益服务而不是慈善服务。做公益与做慈善看起来都是提供免费服务，但做公益更多的是基于社会责任感。律师提供公益服务，既可以体现自己的社会责任与社会担当，也是对自己律师事业的“长远投资”，这种投资回报就是获取办案经验甚至行业认可度。

律师处于商人与文人之间，他们有商人的精明，也有文人的优雅，但律师本质上应该更多拥有文人的社会情怀。如果说他们需要有商人那样的投资意识，也应该是儒商的大格局。律师从事法律援助，这也是律师大格局的体现，他们能够意识到自己提供法律援助服务并不是不求回报的“施舍”行为，而是寻求长远回馈的“投资”行为。

技术辩护意味着律师把刑事辩护看成一门“技术”，只要去研究卷宗、研究证据、研究法理即可。他们用辩护的方式去唤醒办案人员内心深处的法律人意识甚至人文情怀，去说服办案机关接受自己有理有据的辩护意见。

技术辩护律师甚至可以把办案机关“为民除害”的心理优势转化为“可能存在冤假错案”的道德焦虑。法律援助的技术辩护意味着律师不是把自己看成“奉命援助”律师，而是把自己看成辩护律师，他们不仅可以穷尽各种技术手段来说服办案机关接受自己的辩护意见，还能够借助办案机关对律师免费辩护的尊重来增强辩护效果。

技术辩护律师不能只注重钱财，也需要公益心，需要社会责任感与社会担当。办理法律援助案件，见仁见智；技术辩护律师，当仁“不让”，当智“有担当”。

附录一

死刑辩护，律师需要主导辩护策略

死刑辩护不同于一般刑事辩护，它意味着一旦辩护失败，则被告人面临死刑立即执行的危机，而且很难有补救措施。在旁人的眼中当然许多死刑犯“不杀不足以平民愤”，但在辩护律师的眼中却需要尽量争取“免死”，这也是律师的职责。律师的“当事人立场”使得他更多地考虑法院在哪种情况下可以不判处死刑立即执行，追求公平正义不属于死刑辩护的现实目标，那些属于个案推动的长远影响。

死刑案件，辩护律师需要主导辩护策略。家属毕竟不是法律专业人士，只能辅助律师开展工作——死刑辩护律师应该强势一点。死刑辩护如同“高考”而不是“竞赛”，“四平八稳”避免丢分比“出奇制胜”更重要。

认罪、赔偿、谅解甚至立功，都是争取免死的关键，而不是律师屈从家属的意见，坚持

“无罪辩护”，律师需要用工作经验与司法实践说服当事人。药家鑫案、林森浩案无不如此，甚至不判处死刑的李天一案也是如此——辩护律师根据经验明知没有无罪辩护空间，此时无罪辩护、激情杀人之类的言语就是挑衅社会良知的“二次伤害”，如何让法官意识到可以“免死”？

无罪辩护只能建立在关键证据有重大瑕疵的情况下，否则只能进行谨慎的“请罪辩护”甚至更务实的“免死辩护”。“无罪释放”的主战场应该是在进法院之前的批准逮捕阶段与审查起诉阶段，进法院之后要艰难得多。死刑辩护律师不仅仅是辩护人，更应该是促成刑事和解的中间人，不仅需要面对公诉人与法官，更需要面对受害人家庭与媒体，如何争取到法官“理解式同情”是辩护成功与否的核心环节——法理不外乎人情。

免死辩护应当让公诉人与法官甚至受害者家庭与媒体看到被告人的悔改表现，因此，辩护律师需要多一些感情沟通。我曾代理过多起死刑案件，无一例外都有赔偿，无一例外都有赔礼道歉与忏悔，最终也都免于死刑。律师不担心有受害人的案件，律师担心的是没有受害人的案件，那将使得律师缺少一个可以攻破的方向。死刑辩护，律师需要发挥自己“专业第三方”的沟通与说服作用，此时不仅要有发现证据漏洞的毒辣眼光，更需要说客辩士的“润物细无声”。

律师有两个立场，一个是当事人立场，如何帮助他减轻罪责；另一个是法律人立场，如何追求公平正义、遵循善恶标准。只要不是弄虚作假、践踏伦理道德，律师应该穷尽各种辩护方式帮当事人避免最坏结局。

附录二

吴某某被控抢劫罪辩护词（法律援助）

尊敬的审判长、审判员：

广东某律师事务所接受惠州市某某区法律援助处的指派，由我担任涉嫌故意伤害罪一案的辩护人。开庭前辩护人认真研读了起诉书，详细地查阅了本案全部卷宗材料，并依法会见了被告人，对本案有了比较全面、客观的了解，结合今天的庭审事实，辩护人认为对公诉机关指控被告人吴某某构成抢劫罪的定性没有异议。根据本案事实，从教育为主、惩罚为辅的原则出发，对被告人吴某某应当判处缓刑或免于刑事处罚。理由如下。

一、被告人吴某某涉嫌抢劫罪，但有立功表现

公诉机关提交的材料中，某某市公安局某某派出所出具的叶某兴《到案经过》显示“犯罪嫌疑人吴某某向我们公安机关提供线索知道在逃犯罪嫌疑人叶某某（叶某兴笔误——辩

护人）的住所，能带公安机关去抓获在逃的叶某某，2015年7月16日吴某某带着侦查员前往某某镇某某村叶某某住所将在逃的叶某某抓获。我所侦查员将叶某某带回派出所审讯，叶某兴供述伙同阿志、吴某某抢劫的犯罪事实”。

最高人民法院《关于处理自首和立功若干具体问题的意见》（法发〔2010〕60号）“五、关于‘协助抓捕其他犯罪嫌疑人’的具体认定”规定“犯罪分子具有下列行为之一，使司法机关抓获其他犯罪嫌疑人的，属于《解释》第5条规定的‘协助司法机关抓捕其他犯罪嫌疑人’……3.带领侦查人员抓获其他犯罪嫌疑人（包括同案犯）的”。被告人吴某某协助公安机关抓获同案犯叶某兴，根据本司法解释应当认定为立功。

二、被告人吴某某有从轻或减轻情节，可以判处拘役或三年以下有期徒刑

1.被告人属于未成年人，依法应当减轻处罚。

被告人吴某某出生于1998年4月30日，犯罪时未满十八周岁，根据广东省高级人民法院《关于常见犯罪的量刑指导意见》实施细则（粤高法发〔2014〕14号）“三、常见量刑情节的适用”的规定“1.对于未成年人犯罪，应当综合考虑未成年人对犯罪的认识能力、实施犯罪行为的动机和目的、犯罪时的年龄、是否初犯、偶犯、悔罪表现、个人成长经历和一贯表现等情况，予以从宽处

罚……(2)已满十六周岁不满十八周岁的未成年人犯罪,减少基准刑的10%~50%”。这说明被告人可以减少基准刑10%~50%。

2. 被告人有立功情节与坦白情节,理应从轻处罚。

根据广东省高级人民法院《关于常见犯罪的量刑指导意见》实施细则“三、常见量刑情节的适用”的规定“14. 对于立功情节,综合考虑立功的大小、次数、内容、来源、效果以及罪行轻重等情节,确定从宽的幅度。(1)一般立功的,可以减少基准刑的20%以下……15. 对于坦白情节,综合考虑如实供述罪行的阶段、程度、罪行轻重以及悔罪程度等情况,确定从宽的幅度。(1)如实供述自己罪行的,可以减少基准刑的20%以下”。被告人既有立功情节,也如实供述自己的罪行,被告人应当减少基准刑40%以下。

3. 被告人属于初犯,且系共同犯罪中抢劫亲属财产,可以从轻处罚。

被告人属于初犯,没有犯罪前科,可以从轻处罚。最高人民法院《关于审理抢劫、抢夺刑事案件适用法律若干问题的意见》(法发〔2005〕8号)“七、关于抢劫特定财物行为的定性”规定“为个人使用,以暴力、胁迫等手段取得家庭成员或近亲属财产的,一般不以抢劫罪定罪处罚,构成其他犯罪的,依照刑法的相关规定处理;教唆或者伙同他人采取暴力、胁迫等手段劫取家庭成员或近亲属财产的，可以抢劫罪定罪处罚”。被告人属于伙同他人抢劫自己奶奶财产的同案犯，虽然可以定性为抢劫罪，但社会危害程度显然比普通抢劫罪要轻，请求法院酌情予以从轻处罚。

我国《刑法》对抢劫罪的量刑是“三年以上十年以下有期徒刑”，在被告人属于未成年人且具有立功、坦白、当庭认罪、初犯、抢劫亲属财产的共同犯罪等从轻情节的情况下，完全可以在3年以下有期徒刑范围量刑。

三、被告人吴某某应当判处缓刑或免于刑事处罚

最高人民法院《关于审理未成年人刑事案件具体应用法律若干问题的解释》(以下简称《未成年人刑事案件解释》)(法释〔2006〕1号)第11条规定：“对未成年罪犯适用刑罚，应当充分考虑是否有利于未成年罪犯的教育和矫正。对未成年罪犯量刑应当依照刑法第61条的规定，并充分考虑未成年人实施犯罪行为的动机和目的、犯罪时的年龄、是否初次犯罪、犯罪后的悔罪表现、个人成长经历和一贯表现等因素。对符合管制、缓刑、单处罚金或者免予刑事处罚适用条件的未成年罪犯，应当依法适用管制、缓刑、单处罚金或者免予刑事处罚。”这说明对于少年犯罪以判处缓刑、单处罚金或者免予刑事处罚为一般原则，以判处实际徒刑为例外。

《未成年人刑事案件解释》第16条规定：“对未成年罪犯符合刑法第72条第1款规定的，可以宣告缓刑。如

果同时具有下列情形之一，对其适用缓刑确实不致再危害社会的，应当宣告缓刑：(一)初次犯罪；(二)积极退赃或赔偿被害人经济损失；(三)具备监护、帮教条件。”本案中被告人系初犯，而且其父母在某某工作居住，具备监护、帮教条件，应当宣告缓刑。

我国《刑法》第72条第1款规定：“对于被判处拘役、三年以下有期徒刑的犯罪分子，同时符合下列条件的，可以宣告缓刑，对其中不满十八周岁的人、怀孕的妇女和已满七十五周岁的人，应当宣告缓刑：(一)犯罪情节较轻；(二)有悔罪表现；(三)没有再犯罪的危险；(四)宣告缓刑对所居住社区没有重大不良影响。”本案中被告人犯罪情节较轻，自愿悔罪认罪，而且不具有再犯危险，宣告缓刑对所居住社区没有重大不良影响，又系误入歧途的少年，请求法院判处缓刑。

《未成年人刑事案件解释》第17条规定：“未成年罪犯根据其所犯罪行，可能被判处拘役、三年以下有期徒刑，如果悔罪表现好，并具有下列情形之一的，应当依照刑法第三十七条的规定免予刑事处罚：……(五)犯罪后自首或者有立功表现……”鉴于被告人可能判处3年以下有期徒刑且具有立功表现，应当免于刑事处罚。

综上所述，被告人吴某某对构成抢劫罪，当庭自愿认罪，且系初犯、偶犯，没有犯罪前科，又有立功情节，建议法庭对被告人作出从轻处理。

法理无外乎人情，建议贵院从对被告人进行改造与帮助出发，判处被告人缓刑或免于刑事处罚。

此致

惠州市惠某区人民法院

广东某律师事务所

余安平律师

二〇一五年十月十三日

（本案检察官当场接受律师有立功的建议，但法院因为此前判决的同案犯有谅解也没有判处缓刑，因此作出1年有期徒刑判决）